Reiseführer Natur
─── Mallorca ───

Gerhard Beese

Reiseführer Natur
MALLORCA
MENORCA, IBIZA, FORMENTERA

Die Deutsche Bibliothek – CIP-Einheitsaufnahme

**Reiseführer Natur Mallorca, Menorca, Ibiza,
Formentera** / Gerhard Beese.-
München; Wien; Zürich: BLV, 1994
Nebent.: Mallorca
ISBN 3-405-14510-4
NE: Beese, Gerhard; Mallorca

Umschlagfotos:
G. Beese (vorn: Balearischer Hufeisenklee,
hinten unten: Kardone,
großes Foto: Blick auf die Isla Dragonera);
M. Pforr (hinten oben: Blauracke).
Foto S. 1: Seit mehr als zweitausend Jahren wird der
Olivenbaum auf den Balearen kultiviert.
Foto S. 2/3: Idyllische Felsbuchten wie Cala Coves auf
Menorca gehören zur Küstenlandschaft der Balearen.

BLV Verlagsgesellschaft mbH
München Wien Zürich
80797 München

Umschlaggestaltung: Julius Negele, München
Karten: Viertaler + Braun, Grafik + DTP, München
Redaktionelle Mitarbeit: Dr. Einhard Bezzel,
Prof. Dr. Josef H. Reichholf
Lektorat: Dr. Friedrich Kögel
Layout: Volker Fehrenbach, München
Herstellung: Hermann Maxant
Satz: Grafisches Büro V. Fehrenbach, München
Reproduktionen: Combi Repro, Wels
Druck: Appl, Wemding
Bindung: Bückers GmbH, Anzing
Gedruckt auf chlorfrei gebleichtem Papier

Printed in Germany · ISBN 3-405-14510-4

Inhalt

Einführung

Essays

Reiseziele

Reiseplanung

Anhang

Zum Geleit

Reiseführer Natur — eine Chance für den sanften Tourismus?

Dem Massentourismus ist sehr viel Natur zum Opfer gefallen. Der Versuch, der Unwirtlichkeit der Städte und der Industriegesellschaft in eine »intakte Natur« für die kostbarsten Wochen des Jahres zu entfliehen, mißlang gründlich. Denn der Ruhe, Entspannung und Naturgenuß suchende Mensch wurde im Touristikboom schnell wieder in die Massen einbezogen und beinahe zu einer »Ware« degradiert. Der zähe Brei des Massentourismus wälzte sich, da er fortlaufend seine eigenen Existenzgrundlagen zerstört, immer weiter hinaus bis in die letzten Winkel der Erde. Mit größter Sorge betrachteten Naturschützer in aller Welt diese Entwicklung und versuchten – vergeblich – sich dagegenzustemmen. Sie waren und sind machtlos gegen die Flut, die über sie und die wenigen geschützten Gebiete hereinbrach. Die Naturschützer hatten so gut wie keine Chancen, die Natur vor dem Massenansturm zu bewahren.

So wurde denn der Tourismus in Bausch und Bogen als nicht natur- und umweltverträglich verdammt und gebrandmarkt. Nicht ganz zu Recht, wie man bei objektiver Betrachtung der Sachlage zugeben muß. Denn nicht wenige der wichtigen, ja unersetzlichen Naturreservate der Welt konnten gerade wegen des Tourismus gesichert werden, der Staaten wie Tansania mit der weltberühmten Serengeti und Ecuador mit seinen Galápagos-Inseln mehr harte Währung einbrachte, als eine Umwidmung der geschützten Flächen zu anderen Formen der Nutzung. Durch geschickte und gezielte Lenkung des Besucherstromes ist es möglich, die Schäden gering zu halten, aber großen Nutzen einzubringen. Viele Beispiele gibt es hierfür. In Amerika, in Afrika und in Südostasien gelingt es offenbar weitaus besser, Naturreservate zu erhalten als hierzulande in Mitteleuropa, wo Naturschutzgebiete fast automatisch zu Sperrgebieten für Naturfreunde gemacht werden (während andere Nutzungsformen, insbesondere Jagd und Fischerei, in der Regel uneingeschränkt weiterlaufen dürfen).

Es fehlt an Information und an Personal, das die Schutzgebiete überwacht, Besucher betreut und für die Erhaltung der Natur wie für die Einhaltung der Schutzbestimmungen sorgt. Vielfach können gerade da, wo die Schutzgebiete mit strengem »Betreten verboten« ausgewiesen sind, die Schutzziele nicht eingehalten werden. Es fehlen die »Verbündeten«; sie sind als Naturfreunde ausgeschlossen und damit keine starken Partner. Eine grundsätzliche Änderung, eine Wende zum Besseren ist derzeit nicht in Sicht. So bleibt der Naturfreund auf sich allein gestellt, Natur zu erleben, ohne sie zu zerstören.

Die neue Serie »Reiseführer Natur« folgt diesem Leitgedanken. Sie will den engagierten Naturfreunden die Möglichkeit aufzeigen, sich schöne Landschaften mit einem reichhaltigen oder einzigartigen Tier- und Pflanzenleben auf eine »umweltverträgliche« Art und Weise zu erschließen. Ein Tourismus dieser Art, der auf Information aufbaut und dessen Ziel die Sicherung der Naturschönheiten ist, wird vielleicht die überfällige Wende bringen. Unberührte Natur, naturnahe Landschaften und freilebende Tiere und Pflanzen haben ihren besonderen Wert. Aber er wird nicht zum Nulltarif auf Dauer zu erhalten sein.

DR. EINHARD BEZZEL
PROF. DR. JOSEF H. REICHHOLF

Vorwort

Seit vielen Jahren gehören die Balearen zu meinen bevorzugten Reisezielen. Damit sind nicht die ausgedehnten Ferienzentren gemeint, die der Inselgruppe unverdientermaßen zum Negativimage des Massentourismus verhalfen, sondern die oft noch wenig berührten Naturgebiete im Hinterland. Dies gab den Anlaß, vor einigen Jahren einen Wanderreiseführer über Mallorca zu schreiben. Entsprechend groß war die Freude, als mir der BLV-Verlag anbot, einen weiteren Titel über die Balearen in der Serie Reiseführer Natur zu schreiben. Dies auch deshalb, weil auf dem deutschsprachigen Büchermarkt trotz umfangreicher Reiseliteratur bis heute kein Titel existiert, der sich ausschließlich den Naturregionen dieser Inselgruppe widmet. So ergibt sich die Gelegenheit, mit den gewonnenen Erfahrungen und Kenntnissen diese Lücke zu schließen.

Damit erfüllt sich der Wunsch vieler Urlauber, die mit wachsendem Umweltbewußtsein Mallorca, Ibiza, Menorca und Formentera nicht nur als sommerliches Badeziel aufsuchen wollen, sondern auch die Naturschönheiten dieser Inselgruppe kennenlernen möchten. Abwechslungsreiche Landschaften bieten dafür eine Fülle von Gelegenheiten, zumal die Balearen-Regierung im Zuge eines langfristigen Entwicklungsprogramms nach und nach vorbildliche Natur- und Landschafts-schutzgebiete eingerichtet hat und weitere in Planung sind. Dies erfolgte aus der Erkenntnis, daß eine ungehemmte Weiterentwickung des Massentourismus nicht nur die Naturräume weiter einengt oder sogar gefährdet, sondern das Gegenteil bewirkt, nämlich eine abschreckende Wirkung. So zeichnen sich erfreuliche Tendenzen ab, die auf eine Koexistenz zwischen der üblichen Urlaubsgestaltung und dem naturorientierten Tourismus hindeuten.

Der vorliegende Reiseführer verfolgt den Zweck, mit Tips, Hinweisen und Informationen als nützlicher Reisebegleiter zu dienen. Er vermittelt

– Ratschläge für die Reiseplanung und Auswahl des Urlaubsortes,
– Darstellungen der Naturräume und Ökosysteme,
– Beschreibungen der interessantesten Reiseziele mit gezielten Hinweisen auf Fauna, Flora und landschaftliche Eigenheiten.

Verlag und Autor würden sich freuen, wenn dieser Reiseführer dazu beiträgt, die Kenntnisse über Natur und Landschaft der Balearen zu vertiefen, das Verständnis für den Erhalt der Naturräume zu wecken und nicht zuletzt einen erholsamen, naturbezogenen Urlaub zu vervollständigen.

Dr. Gerhard Beese

Einführung

Zur Benutzung des Buches

Die nachfolgenden Hinweise sollen den Leser mit dem Gebrauch des Reiseführers vertraut machen; deswegen empfiehlt es sich, diesen Abschnitt als erstes zu lesen. Vorangestellt wird eine **Kleine Landeskunde** über unser Reisegebiet, nämlich die Inseln Mallorca, Menorca, Ibiza und Formentera. Dieses Kapitel beschreibt zunächst die erdgeschichtliche Entstehung der Balearen, gefolgt von einer Darstellung der einzelnen Naturräume mit ihren umweltbestimmenden Faktoren wie Topographie und Klima. Anschließend wird auf die wichtigsten Ökosysteme mit ihrer Flora und Fauna eingegangen.

Im Hauptteil findet der Leser eine Auswahl der interessantesten und eindrucksvollsten **Naturreiseziele** auf den einzelnen Inseln beschrieben. Die hintere Umschlagskarte zeigt die genaue Lage der Reiseziele, deren Numerierung identisch mit den Einzelbeschreibungen ist.

Als Reiseziele wurden Regionen ausgewählt, die folgende Voraussetzungen erfüllen bzw. Gegebenheiten aufweisen:
– Für die Balearen besonders typische Landschaftsformen und Ökosysteme,
– landschaftliche Schönheit,
– besondere naturgebundene Attraktionen, z. B. Naturdenkmale oder seltene Tier- und Pflanzenarten,
– gute Erreichbarkeit durch Verkehrsmittel oder über Wanderwege.

Besondere Schwerpunkte bilden Beschreibungen typischer Lebensräume, geologischer Sehenswürdigkeiten sowie der bodenständigen Fauna und Flora. Im Text eingefügte Fotos, Karten und mit blauem Untergrund versehene Essays erweitern den Informationsgehalt für die beschriebenen Reisegebiete oder vertiefen für die behandelte Region wichtige Themen.

Durch Querverweise(»s.S. ...«, bei Verweisen auf Fotos: »S. ...«) gewinnt man einen umfassenderen Überblick über die erwähnten **Tier- und Pflanzenarten,** für die – wenn immer möglich – deutsche Namen gewählt wurden, ergänzt durch wissenschaftliche und landesübliche Bezeichnungen im Anhang. Falls kein deutscher Artname existiert, wird auf den lateinischen Namen zurückgegriffen. Findet eine Tier- oder Pflanzenart nur als Gattung Erwähnung, wird der wissenschaftliche Gattungsname in Klammern bzw. als Zusatz »der Gattung...« hinzugefügt. Maßgebend für die Namenswahl sind aktuelle Bestimmungsbücher mit dem Schwerpunkt Mittelmeergebiet; die Nomenklatur der wissenschaftlichen Pflanzennamen richtet sich nach dem Zander-Handwörterbuch der Pflanzennamen.

Die Vorstellung der Reiseziele wäre ohne **begleitende Informationen** über die Erreichbarkeit mit Verkehrsmitteln, mit genauen Wegbeschreibungen oder Wandervorschlägen unvollständig. So wird mit gezielten Hinweisen, unterstützt von Karten, die Auswahl der Sehenswürdigkeiten erleichtert. Daß unter diesem Gesichtspunkt nicht alle Ziele erfaßt werden können, liegt im Interesse der Übersichtlichkeit. Einheitliche Kartensymbole, Kilometerangaben (falls nicht anders erwähnt) für die Gesamtstrecke und Orientierungshilfen bei den Wegbeschreibungen lassen die Routenvorschläge einfacher nachvollziehen.

»**Praktische Tips**« mit Einzelheiten über die Zeitplanung, An- und Abfahrtsmöglichkeiten zu den Zielgebieten, über Unterkunftsmöglichkeiten, Rastplätze und Naturschutzgebiete vervollständigen – wo nötig – die Beschreibungen der Hauptreiseziele. In diesem Zusammenhang sei darauf hingewiesen, daß sich Adressen, Wegverlauf und Namensschilder kurzfristig ändern können.

Der »Blick in die Umgebung« erweitert den Aktionsradius der Hauptreiseziele, indem zusätzliche Ziele aufgenommen wurden, die auf dem Weg liegen oder für die ein Abstecher lohnt.

Das Kapitel Reiseplanung gibt u.a. Auskünfte über Reisevorbereitungen, beste Reisezeiten, Anreisemöglichkeiten, Einreiseformalitäten sowie praktische Informationen beim Besuch der Baleareninseln. Im Anhang ist ein Literaturverzeichnis zu finden, das auf weiterführende Werke in deutscher und in fremder Sprache hinweist. Bei der Auswahl wurden vor allem populärwissenschaftliche Literatur sowie auf die Balearen bezogene Bestimmungsbücher berücksichtigt. Von der Aufnahme fachspezifischer Publikationen wurde bewußt Abstand genommen.

Beim Register hat sich eine Trennung zwischen geographischem Teil mit allen genannten Orten, Landschaften, Naturschutzgebieten usw. und den Tier- sowie Pflanzennamen bewährt, was ein Auffinden der gesuchten Stichworte erleichtert. Ergänzt wird der Anhang durch ein Wörterbuch der Tier- und Pflanzennamen, worin deutsche, wissenschaftliche und spanische Artbezeichnungen getrennt alphabetisch aufgeführt sind. Diese Unterteilung beschleunigt das Auffinden der gewünschten Namen ganz wesentlich.

Zeichenerklärung für die Karten im Text

Schon beim raschen Durchblättern wird sich der Leser an der reichen Ausstattung des Reiseführers mit detaillierten Übersichtskarten für die einzelnen Reiseziele erfreuen. Dies bedarf jedoch einer Erläuterung der kartographischen Symbole, Abkürzungen sowie Sonderzeichen, was durch die nachfolgende Übersicht geschieht.

Verwendete Kartensymbole

PM710	Straße jeglicher Breite und Ausbaustufe
——	Piste
··········	Wanderweg
▲▲▲▲▲	Abbruchkante, Steilhang, Steilküste
- - - -	Torrent (Trockenfluß)
——	Bach, Gräben
	Meer, See, Lagune
	Land
	Nationalpark
	Feuchtgebiet
♀♀♀	Laubwald
⌄⌄⌄⌄	Kiefernwald
	Sandstrand, Sandwüste, Dünen

	Saline
● •	Ortschaft, Gebäude
	Stadt (bei größerem Maßstab auch Ort)
△	Berg
♠	Forsthaus, Hütte
Y	Quelle
⋈	Paß
*	Aussichtspunkt
⚑	Leuchtturm, Turm
∩	Höhle
③	Besuchspunkte (mit Querverweisen im Text)
ⓘ	Information
P	Parkplatz
⚲	Kirche, Kloster

Kleine Landeskunde

Die Balearen, Ziel vieler Urlaubsreisender, liegen nur etwa zweieinhalb Flugstunden von Deutschland entfernt. Sie bilden eine Inselgruppe im westlichen Mittelmeer mit einer Gesamtfläche von 5015 km². Der Archipel erstreckt sich zwischen 40°05′ und 38°40′nördlicher Breite sowie 1°17′ und 4°50′östlicher Länge. Nachfolgend einige der wichtigsten Daten:

Mallorca
Fläche: 3 626 km² (72,3%)
größte Ausdehnung: 90 km
höchste Erhebung: Puig Mayor, 1 445 m
Einwohnerzahl: 525 000

Menorca
689 km² (13,8%)
größte Ausdehnung: 46 km
höchste Erhebung: Puig del Toro, 358 m
Einwohnerzahl: 55 100

Ibiza
568 km² (11,3%)
größte Ausdehnung: 45 km
höchste Erhebung: Sa Talaia, 475 m
Einwohnerzahl: 72 500

Formentera
77 km² (1,5%)
größte Ausdehnung: 23 km
höchste Erhebung: La Mola, 192 m
Einwohnerzahl: 5 000
Außerdem **Cabrera, Dragonera** sowie weitere kleine Inseln und Klippen (55 km²).

Erdgeschichtliche Entstehung

Das geologische Alter von Mallorca, Ibiza und Formentera läßt sich bis in das Erdmittelalter vor 245 Mio. Jahren zurückverfolgen, als die Tethys, das damalige Mittelmeer, den nördlichen Urkontinent Laurasia vom südwärts driftenden Gondwanaland trennte. Davon zeugen Schichtgesteine (Muschelkalk, Buntsandstein) mit einer Dicke bis zu 2 000 m, deren Ursprung hauptsächlich Sedimente von kalkabscheidenden Meereslebewesen sind, worauf auch Fossilien hinweisen. Wesentlich weiter reicht das Alter von Menorca zurück, dessen Gesteinsformationen sich bis zum Devon (395–345 Mio. Jahre) zurückverfolgen lassen. Daraus läßt sich schließen, daß die Balearen auf eine unterschiedliche Entstehungsgeschichte zurückblicken.

Während dem nachfolgenden Jura und der Kreide (204–65 Mio. Jahre) gab es nur wenige Veränderungen, da die Tethys fortbestand und sich weitere Sedimente am Meeresgrund ablagerten, aus denen durch spätere Hebungsprozesse weite Bereiche der Serra Tramuntana auf Mallorca und der Serra Grossa sowie Serra de la Mola auf Ibiza hervorgingen.

Mit Beginn des Tertiärs erfaßten jedoch weiträumige plattentektonische Vorgänge auch das Gebiet der Tethys. Laurasia, das heutige Eurasien, und Afrika als zentrales Teilstück des geborstenen Gondwanalandes begannen aufeinander zuzudriften, was vor allem zu Verengungung der Tethys im Westteil des jetzigen Mittelmeeres führte. Unter der Schubkraft beider Kontinentalschollen bildeten sich alpine Faltengebirge, darunter die Betische Kordillere als durchgehender Gebirgszug, vom südlichen Spanien nordostwärts schwingend über die westlichen Balearen bis zu den heutigen Westalpen. Überreste jener Auffaltungen sind beispielsweise die Gebirgszüge der Serra Tramuntana auf Mallorca. Als Teil des früheren tyrrhenischen Kontinents nahm die Entstehung Menorcas einen anderen Verlauf, was sich noch heute in unterschiedlichen Gesteinsformationen zeigt. Während auf Mallorca, Ibiza und Formentera Sedimentgesteine vorherrschen, weist Menorca in einigen Bereichen kristalline Schiefer und Tiefengesteine auf, ähnlich wie Teile Korsikas, Sardiniens und der ligurischen Küste.

Mallorquinische Küstenlandschaft.

Im weiteren Verlauf des Tertiärs führten wiederholte Hebungen und Senkungen zu Überflutungen der flacheren Inselbereiche, worauf abgelagertes Schwemmaterial (Sande, Tone, Mergel) besonders im Zentralbereich von Mallorca hindeutet. Während des nachfolgenden Quartärs führten mehrere Eiszeiten durch weiträumige Vergletscherungen in Nordwesteuropa zu starken Oberflächenveränderungen, was mit einer starken Absenkung des Meeresspiegels verbundem war und die Bildung einer Landbrücke zwischen Mallorca und Menorca zu Folge hatte. Darauf weisen auch tier- und pflanzengeographische Gemeinsamkeiten hin.
Erst als vor etwa 10 000 Jahren die letzte Eiszeit von einer erneuten Erwärmung abgelöst wurde, versank die Landbrücke zwischen beiden Inseln wieder, und die Inselgruppe gewann ihre heutige Gestalt.

Landschaftliche Gliederung

Mallorca weist fast alle für den mediterranen Bereich typischen Landschaftsformen auf, was die Insel ihrer wechselvollen erdgeschichtlichen Entwicklung sowie der jahrtausendelangen Nutzung als Kulturland verdankt. Auf den Balearen sind nur die Gipfel der Serra Tramuntana auf Mallorca höher als 1 000 m (Puig Mayor, 1 445 m). Dieser Gebirgszug bestimmt die Topographie des gesamten Nordwestteils der Insel als Überrest des einst mehrere tausend Meter hohen Faltengebirges, das vorwiegend aus Kalk- und Buntsandsteinformationen des Trias, der Jura und Kreide besteht. Fast parallel zur Serra Tramuntana verläuft, getrennt durch das Flachland der Llanura del Centro, im Südosten die wesentlich flachere Serra Llevant, die nur an wenigen Stellen die 500-m-Grenze übersteigt (Morey 561 m).

Das Tal von Bini Morat ist einer der zahlreicne Torrents auf Mallorca.

Torrents

Zu den landschaftlichen Besonderheiten der Balearen gehören die Torrents, meist trockene Sturzbachtäler, die in der Regel nur während der Regenzeit oder bei heftigen Wolkenbrüchen Wasser führen, das rasch im porösen Kalkgestein versickert. Im Laufe der Zeit hat das herabfließende Wasser mancherorts tiefe Erosionsschluchten hinterlassen – auf den Balearen Torrents genannt. Am bekanntesten ist der cañonartige Torrent de Pareis (S. 58) auf Mallorca, dessen Schlucht im Oberlauf eine Tiefe von 400 m erreicht. Das Wandern in Torrents kann Gefahren mit sich bringen, besonders wenn es bei plötzlichen Regengüssen zu Überflutungen kommt.

Die **Llanura del Centro** besteht überwiegend aus fruchtbarem Schwemmboden, der durch nacheiszeitliche Überflutungen angespült wurde. Auf diese Region konzentriert sich die Landwirtschaft mit Anbau von subtropischen Früchten, Gemüse und Getreide. Da in weiten Teilen während der sommerlichen Trockenzeit eine künstliche Bewässerung notwendig ist, werden dafür seit alters her Windmühlen (S. 34) eingesetzt. Sie bestimmen besonders im Südosten von Palma noch heute das Landschaftsbild, obwohl die Windmühlen zunehmend von Motorpumpen verdrängt werden.

Von den **küstennahen Feuchtgebieten** im Nordosten und im Süden der Insel sind durch Entwässerungsmaßnahmen nur noch wenige Areale erhalten geblieben. Dazu gehören die S'Albufera und die Salinen von Es Salobrar, die heute zu den interessantesten Naturschutzgebieten Mallorcas zählen.

Ausgedehnte **Strand- und Dünengelände** bestimmen die Küstenregionen im Nordosten (Bahía de Pollença und Alcúdia), die zahlreichen geschützten Buchten im Osten und Süden sowie die Bahía von Palma. Ihnen verdankt Mallorca die große Anziehungskraft als Urlaubsziel mit beständigem Sonnenwetter.

Das Landschaftsbild Mallorcas und seiner Nachbarinsel wird auch von **Torrents**, z.T. schluchtartige Bach- und Flußbetten, geprägt. Sie führen jedoch nur zeitweise Wasser während der niederschlagsreichen Herbst- und Wintermonate sowie nach heftigen Gewitterregen. Besonders schön ausgeprägt ist der cañonartige Torrent de Pareis im Nordwesten Mallorcas.

Trotz der nahen Lage von nur 33 km zu Mallorca unterscheidet sich die Landschaft Menorcas von der Hauptinsel beträchtlich. Der flachhügligen Landschaft fehlen die hohen Gebirgsketten, die den Nordwesten Mallorcas bestimmen, und so erreicht die höchste Erhebung, der **Puig del Toro**, nur eine Höhe von 358 m. Im We-

Höhlen

Zu den eindrucksvollsten Naturbildungen gehören Tropfsteinhöhlen, von denen auf **Mallorca** gleich vier zugänglich sind:
Cuevas de Artá,
Cuevas de Campanet,
Cuevas del Drac,
Cuevas dels Hams.
Auf **Ibiza**:
Cova Santa,
Covas Ca'n Marca.
Auf **Menorca**:
Cova Polida,
Cova d'En Xoroi,
Cova de S'Aigo.
Auf **Formentera**:
Cova d'en Xeroni.
Bei allen genannten Höhlen handelt es sich um unterirdische Verkarstungen. Kalkstein, aus dem die meisten Bergzüge Mallorcas bestehen, ist wasserlöslich. Da sich Regenwasser mit dem Kohlendioxid der Luft anreichert, wird das schwer lösliche Kalziumkarbonat (Kalk) in lösliches Kalziumhydrogenkarbonat überführt. Dieser Auslaugungsprozeß setzt besonders dann ein, wenn durch Spalten und Klüfte Regenwasser versickert und unterirdisch abfließt. Über längere Zeiträume können sich dann ganze Höhlensysteme bilden, wie beispielsweise die Cuevas de Artá.
Allen vier Höhlen Mallorcas gemeinsam sind Tropfsteinbildungen, deren Schönheit sich erst bei entsprechender Beleuchtung offenbart. Sie enstehen praktisch durch Umkehr der chemischen Reaktion, die zum Auflösen des Kalkgesteins geführt hat: Beim Herabtropfen des Wassers entweicht das Kohlendioxid infolge der Verdunstung oder durch höhere Lufttemperaturen und das lösliche Kalziumhydrogenkarbonat wird wieder zu unlöslichem Kalziumkarbonat (Kalk). Dieser Prozeß verläuft in der Regel sehr langsam; die Wachstumsgeschwindigkeit eines Tropfsteins kann zwischen 2 mm und 2 cm pro Jahr schwanken.
Je nach Wachstumsrichtung werden die von der Decke herabhängenden Tropfsteine als Stalaktiten und die vom Boden entgegenwachsenden als Stalakmiten bezeichnet. Da es fast immer zu Verlagerungen der Abtropfstelle und Änderungen der Wasser- und Verdunstungsverhältnisse kommt, entfalten sich die Tropfsteinbildungen in unterschiedlichsten Erscheinungsformen. Vorherrschend ist die Säulenform, aber an schrägen Höhlendecken bilden sich auch flächenartige Vorhänge. Oft enthält das Sintermaterial mineralische Einlagerungen, die dem Tropfgestein eine schöne Färbung verleihen.
In einigen Höhlen existieren endemische Tierarten, darunter die nur in den Cuevas de Drach vorkommende Höhlenassel *Tryphlocirolana moraguezi.*

Die Cuevas de Campanet gehören zu den schönsten Höhlen Mallorcas.

Berglandschaft auf Mallorca mit dem 1445 m hohen Puig Mayor.

sten und Südosten herrschen Plateaus zwischen 50 und 150 m Höhe vor. Trotz der wenig ausgeprägten Oberflächenstruktur fällt die Küste an vielen Stellen steil zum Meer ab, und zahlreiche fjordartige Buchten ragen tief in die Insel hinein wie beispielsweise die **Cala Figuera** mit der Inselhauptstadt Maó. An der weniger gegliederten Küstenregion im Süden und Westen Menorcas erstrecken sich Sandstrände. Hier konzentrieren sich die meisten Ferienorte. Flüsse mit ganzjähriger Wasserführung gibt es auf Menorca ebensowenig wie auf Mallorca.

Auch in geologischer Hinsicht unterscheidet sich Menorca von der größeren Nachbarinsel. Obwohl auch hier Sedimentgesteine dominieren – im Süden überwiegend Kalksedimente, im Nordosten Schiefer und tertiäre Konglomerate – ist besonders der zentrale Inselteil von vulkanischem Eruptivgestein durchdrungen.

Ibiza, die westlichste Insel der Balearen, weist große landschaftliche Gemeinsamkeiten mit Menorca auf. Auch dieser Insel

fehlen die für Mallorca so charakteristischen Faltengebirge und Ebenen. Die Oberflächengestalt gliedert sich in zahlreiche Höhenrücken mit landwirtschaftlich genutzten Tälern. Nur im äußersten Süden erstreckt sich eine größere Flachregion mit den Salzlagunen von **Las Salinas**. Mit 475 m überragt der **Sa Talaia** nur wenig die benachbarten Berggipfel. Trotz stark gegliederter Küste mit teilweise steilen Abhängen befinden sich im Westen, Nordosten und in der Bahía de San Antonio zahlreiche geschützte Strände. Von den zahlreichen Torents führt nur der **Río de Santa Eulalia** ganzjährig Wasser, sofern er nicht für die Trinkwassergewinnung angezapft wird.

In geologischer Hinsicht unterscheidet sich Ibiza kaum von Mallorca, da sich die Gesteine ebenfalls aus Sedimenten der Jura, Kreide und des Tertiärs gebildet haben. So dominieren in fast allen Bereichen der Insel Kalk- und Sandsteinformationen. In der Topographie unterscheidet sich die kleinste Baleareninsel Formentera ganz wesentlich von den übrigen. Die überwiegend flache Insel weist nur im westlichen und östlichen Bereich Erhebungen auf (**La Mola**, 192 m), die durch eine schmale Landbrücke miteinander verbunden sind. Im Nordwesten haben sich ausgedehnte Lagunengewässer gebildet (Estany Pudent und Estany d´es Peix). Weite Sandstrände erstrecken sich entlang des mittleren Inselteils, während sich im Südosten Bergkuppen aus Kalkgestein erheben.

Klima

Daß die Balearen nach wie vor zu den bevorzugten Reisezielen gehören, verdanken sie vor allem dem mediterranen Klima. Lange, warme und regenarme Sommer sowie milde, regenreiche Winter sind typisch für das subtropische Klima dieser Inselgruppe. Darüber hinaus werden die Temperaturextreme durch die maritime Lage erheblich gemildert. Verantwortlich für das angenehme Klima ist die geographische Lage zwischen dem 40. und 38. Breitengrad, also bereits im Bereich der Subtropen, wo sich während der Somermonate eine beständige Hochdruckwetterlage bildet. Während in Hamburg die mittlere Jahrestemperatur bei 8,5°C liegt, verdoppelt sich der Wert in Palma de Mallorca auf 16,9°C. Aber auch die Monatsmittel weisen mit 10°C im kältesten und 24°C im wärmsten Monat eine weitaus geringere Schwankungsbreite auf. Dies gilt auch für die Temperaturextreme, so daß Fröste und Schneefälle in den unteren Lagen ganz selten auftreten. Lediglich im Jahre 1917 wurden in Palma de Mallorca -3°C gemessen.
Die heißen Sommer täuschen darüber hinweg, daß die Wintermonate durch

Playa de Sant Tomás auf Menorca.

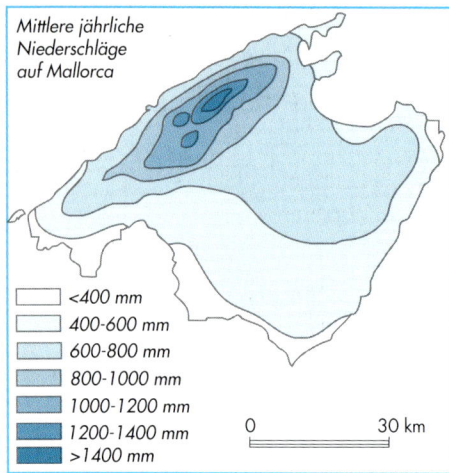

Mittlere jährliche
Niederschläge
auf Mallorca

<400 mm
400-600 mm
600-800 mm
800-1000 mm
1000-1200 mm
1200-1400 mm
>1400 mm

0   30 km

Tramontana genannt, die ihren Ursprung im Golf von Lyon haben und dort als Mistrals bezeichnet werden. Heiße, trockene Winde – unter dem Namen **Schirokko** bekannt – wehen dagegen während der Sommermonate öfter aus Südost. Ihre Herkunft aus Nordafrika läßt sich an dem gelegentlich mitgeführten Wüstensand erkennen.

Lokal begrenzte Klimaregionen sind vor allem auf Mallorca anzutreffen, was vor allem auf die Topographie der Insel zurückzuführen ist. An den Nordhängen der langgestreckten Gebirgskette der Serra Tramuntana stauen sich die feuchten Luftmassen und regnen sich ab, so daß die mittleren Jahresniederschläge hier ihr Maximum erreichen (Lluc: 1400 mm). Im Regenschatten entlang der gesamten Südwestküste sinken die Jahresmittel dagegen auf weniger als 300 mm.

Für den Aufenthalt eignen sich weniger die heißen, niederschlagsarmen Sommer (Juni bis September), weil dann in weiten Gebieten die Bodenvegetation verdorrt ist. Wesentlich reizvoller sind die Frühjahrs- und Herbstmonate (Februar bis Mai und Oktober bis November), wenn die Natur durch aufkommende Niederschläge zu neuem Leben erwacht.

häufigere Winde und höhere Luftfeuchtigkeit recht naßkalt sein können, wie man in George Sands »Ein Winter auf Mallorca« nachlesen kann.

Der jahreszeitliche Ablauf wird weniger durch Temperaturen als die Niederschlagsverteilung geprägt. Besonders niederschlagsreich sind die Herbst- und Wintermonate, wenn nordatlantische Tiefdruckgebiete auch den Mittelmeerraum erreichen. Verbunden damit sind kalte Nordwinde, von den Einheimischen

Klimadaten Mallorca (Palma de Mallorca)

| Monat | Temperatur(°C) | | | Niederschläge | |
	Mittelwert	mittl. Maximum	mittl. Minimum	(mm/Monat)	Regentage
Januar	10,1	14,1	6,3	55	8
Februar	10,5	14,8	6,4	34	6
März	12,2	16,6	7,9	36	8
April	14,5	18,9	10,4	28	5
Mai	17,4	21,9	12,8	27	5
Juni	21,4	26,0	16,9	20	3
Juli	24,1	28,9	19,6	4	1
August	24,5	28,8	20,2	23	3
September	22,6	26,9	18,1	56	6
Oktober	18,4	22,5	13,9	77	9
November	14,3	18,1	10,2	56	8
Dezember	11,6	15,1	7,6	51	9
Jahr	16,8	21,1	12,5	467	71

Pflanzen- und Tierwelt

Vegetation

Die Flora der Balearen läßt sich entsprechend des subtropischen Klimas durchweg als mediterran bezeichnen. Das Erscheinungsbild und die Artenzusammensetzung der Vegetation entsprechen weitgehend den Verhältnissen im gesamten Mittelmeerraum.

Da die Mittelmeerregion zu den ältesten Kulturräumen der Menschheit gehört, hat sich im Laufe der Zeit das ursprüngliche Vegetationsbild weitgehend verändert. Dem Holzeinschlag für den Schiffsbau und für die Gewinnung von Kulturland mußten auch auf den Balearen die meisten Waldgebiete weichen, was zu einem erheblichen Niederschlagsrückgang führte. An Stelle der Wälder breitete sich an vielen Stellen die **Macchie** aus, die mit niedrigem Buschwald heute zum Erscheinungsbild mediterraner Vegetation gehört. Durch den Verbiß von Weidetieren entstand die **Garrigue** mit niedrigem Strauchwuchs. Beiden Vegetationsformen gemeinsam ist die Anpassung an längere Trockenzeiten durch Hartlaub, Reduktion der Blattfläche oder Laubabwurf.

Zu den weniger berührten Vegetationszonen gehören die **Steineichenwälder** in den Bergregionen von Mallorca und Menorca, die mittlerweile größtenteils unter Naturschutz stehen. Die ausgedehnten **Aleppokiefernwälder** in Küstennähe gehen z. T. auf Aufforstungen des 17. Jh. zurück. Sie sollten damals das Vordringen von Piraten verhindern.

Es haben sich aber auch zahlreiche regionale Vegetationstypen gebildet, die sich nach dem Vorkommen von bestimmten Leitformen charakterisieren lassen. Besonders stark ausgeprägt sind die vertikalen

Endemische Pflanzen auf den Balearen (nach Wertheim)

Wissenschaftlicher Artname	Deutscher Name (Gruppe oder Art)	Verbreitung
Asperula paui	Labkrautgewächs	Ibiza
Brassica balearica	Balearen-Kohl	Mallorca
Chaenorhinum organifolium	Löwenmäulchenart	Ibiza/Formentera
Crepis triasii	Pippau-Art	Mallorca/Menorca/Cabrera
Daphne rodriguezii	Seidelbastart	Menorca
Digitalis dubia	Balearen-Fingerhut	Mallorca/Menorca
Galium crespianum	Labkrautart	Mallorca/Ibiza/Formentera
Genista acanthoclada var. *balearica*	Dorniger Ginster	Mallorca
Helleborus foetidus var. *balearicus*	Nieswurzart	Mallorca/Cabrera
Hypericum balearicum	Balearen-Johanniskraut	Mallorca/Menorca/Ibiza/Cabrera
Linaria fragilis	Leinkrautart	Menorca
Naufraga balearica	Doldenblütler	Mallorca
Paeonia cambessedesii	Balearen-Pfingstrose	Mallorca/Menorca
Pastinaca lucida	Pastinakart	Mallorca/Menorca
Ranunculus weyleri	Hahnenfußart	Mallorca
Scutellaria balearica	Helmkrautart	Mallorca
Senecio rodriguezii	Greiskrautart	Mallorca/Menorca
Sibthorpia africana	Rachenblütler	Mallorca/Menorca/Ibiza
Silene littorea var. *nana*	Leimkrautart	Ibiza/Formentera
Teucrium subspinosum	Stechender Gamander	Mallorca/Menorca/Cabrera

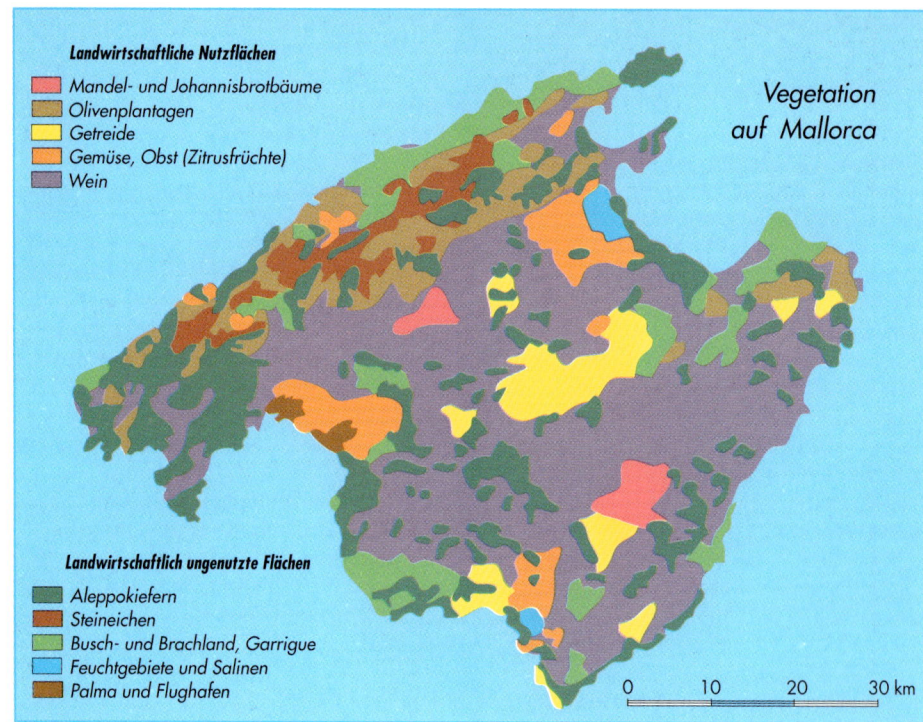

Landwirtschaftliche Nutzflächen

- Mandel- und Johannisbrotbäume
- Olivenplantagen
- Getreide
- Gemüse, Obst (Zitrusfrüchte)
- Wein

Vegetation auf Mallorca

Landwirtschaftlich ungenutzte Flächen

- Aleppokiefern
- Steineichen
- Busch- und Brachland, Garrigue
- Feuchtgebiete und Salinen
- Palma und Flughafen

0   10   20   30 km

Unterschiede im gebirgigen Norden Mallorcas sowie in niederschlagsarmen Regionen.
Die Biotope lassen sich am besten nach ihren Pflanzengesellschaften charakterisieren, die entsprechend ihrer vertikalen Gliederung kurz dargestellt werden sollen: Die **Küstenregion** wird überwiegend von Steilhängen gebildet, unterbrochen aber von Strand- und Dünengebieten, Ziel der meisten Urlaubsreisenden. Deshalb hat dieser Lebensraum durch den Bau zahlreicher Ferienzentren am meisten gelitten. Nur noch an wenigen Stellen trifft man die ursprüngliche Pflanzengesellschaft an, überwiegend bestehend aus Strandhafer, Stranddistel, Strandflieder, Phönizischem Wacholder, Dünen-Trichternarzisse und Stacheliger Dornginster.
Nur in den Tieflagen befinden sich die **Feuchtgebiete**, die zwar lediglich einen geringen Flächenanteil besitzen, aber zu den interssantesten Lebensräumen zählen. Meist handelt es sich um künstliche, vom Menschen geschaffene Meersalzgewinnungsgebiete wie beispielweise Salobrar de Campos auf Mallorca sowie die Salinen von Ibiza und Formentera. Dort dominieren sogenannte halophile, d. h. salzliebende Pflanzen wie Quellerarten, Strauchiges Salzkraut und Strandsode. Zu den wenigen Süßwasserfeuchtgebieten gehört die S´Albufera auf Mallorca mit ausgedehnten Schilf-, Simsen- und Seggenbeständen.
Weitaus größere Flächen nehmen die **Aleppokiefernwälder** (Pinar) ein. Sie dringen von küstennahen Bereichen bis zu den niederschlagsarmen Berghängen aller vier Inseln vor. Das Unterholz wird oft aus Baumheide, Vielblütiger Heide, Stech- und Phönizischem Wacholder gebildet.

△ Das Kalkplateau bietet nur wenigen angepaßten Pflanzenarten Lebensraum.
▽ Während des Frühjahrs gleichen die Wiesen mit Illyrischer Siegwurz, Klatschmohn und Kronen-Wucherblume farbenprächtigen Blütenteppichen.

Der heute am Mittelmeer weitverbreitete Feigenkaktus stammt aus Mittelamerika.

Die Steineichenwälder (Alcinar) beschränken sich auf die nördlichen Bergregionen von Mallorca sowie einige kleinere Gebiete auf Menorca. Leitformen sind neben der Steineiche Erdbeerbaum, Balearen-Johanniskraut, Retama-Ginster, Stechwinde und Dreibeeriger Zeiland.

Spätblühende Narzisse.

Die als **Garriguen** oder auch als **Macchien** bezeichneten Flächen sind – wie überall im Mittelmeerraum – größtenteils aus abgeholzten Wäldern hervorgegangen. Das typische Erscheinungsbild wird von einer Strauch- bzw. Halbstrauchvegetation aus Mastixsträuchern, Wildoliven, Kermeseichen, Zistrosen, Rosmarin und Zwergpalmen geprägt.

Schließlich muß noch die **Garrigue der Hochregionen** Erwähnung finden, die man ab 800 antrifft, und die daher auf Mallorca beschränkt ist. Die wichtigsten Vertreter dieser Pflanzengesellschaft sind der Immergrüne Kreuzdorn, die Eibe, der Balearen-Tragant, der Stachelige Gamander, aber auch das Dißgras, das jedoch schon in geringeren Höhenlagen anzutreffen ist.

Noch heute werden weite Landstriche der Balearen von **Oliven- und Mandelbaumplantagen** geprägt. Zu den unvergeßlichen Eindrücken gehört daher die spätwinterliche Mandelbaumblüte auf Mallorca, Ibiza und Menorca (S. 23). Auch Feigen- und Johannisbrotbäume (S. 129) zählen zu den bodenständigen Kulturpflanzen, während Zitrusgewächse erst um die Jahrtausendwende von den Arabern eingeführt wurden. Apfelsinen- und Zitronen-Anbaugebiete befinden sich in der Umbebung von Sóller auf Mallorca.

Wesentlich größer ist die Zahl der eingebürgerten **Zierpflanzen**, darunter auch Arten, die während der 300-jährigen Araberherrschaft eingeführt wurden (Hanfpalme, Hibiskus, Paternosterbaum). Später gesellten sich unter anderem noch Bougainvillea, Kanarische Dattelpalmen, Agaven und Feigenkakteen hinzu. Zur einheimischen Mittelmeerflora gehören dagegen Zypresse, Granatapfel und Oleander.

Was blüht wann auf den Balearen?

Lebensraum/Art	1	2	3	4	5	6	7	8	9	10	11	12
Küste und Strand												
Dünen–Trichternarzisse					*	*	*	*				
Strandflieder					*	*	*	*	*	*		
Strandlevkoje					*	*	*	*	*	*		
Felsküsten												
Balearen-Kohl			*	*	*	*	*					
Balearen-Strohblume						*	*					
Feuchtgebiete												
Stachelfrüchtiger Hahnenfuß				*	*	*	*					
Glöckchenlauch		*	*	*								
Sumpfknabenkraut				*	*	*						
Feldraine und Wege												
Wilder Fenchel						*	*	*	*	*		
Wilde Mohrrübe						*	*	*				
Gezähnter Lavendel				*	*	*						
Glöckchenlauch		*	*	*								
Kleinfrüchtiger Affodill				*	*	*	*	*				
Wildgladiole					*	*						
Schopfige Traubenhyazinthe				*	*	*	*					
Mariendistel						*	*	*	*			
Italienischer Aronstab								*	*	*		
Garrigue und Macchie												
Weißliche Zistrose				*	*	*						
Montpellier-Zistrose				*	*	*						
Vielblütige Heide										*	*	
Baumartige Wolfsmilch				*	*							
Rosmarin			*	*	*	*	*					
Meerzwiebel						*	*	*	*	*		
Kleinfrüchtiger Affodill				*	*	*	*					
Pyramidenorchis				*	*	*						
Wälder												
Balearen-Johanniskraut				*	*	*	*	*	*	*	*	
Balearen-Alpenveilchen				*	*							
Krummstab		*	*	*						*	*	*
Riesenknabenkraut		*	*	*								
Braune Ragwurz		*	*	*								
Gebirge												
Korsische Nieswurz		*	*	*							*	
Eingriffeliger Weißdorn				*	*							
Balearen-Fingerhut						*	*					
Balearen-Pfingstrose					*	*						

Nicht die Blüten, sondern die Hochblätter lassen die Bougainvillea in ihrer Farbenpracht erscheinen.

Die Mittagsschwertlilie bevorzugt Garriguen und Grasfluren.

Die Pyramidenorchis erhielt ihren Namen nach der Form des Blütenstandes.

Ausdauernder Strandstern.

Reife Mandelfrucht.

Feigenbaumzweig mit Früchten.

Im zeitigen Frühjahr stehen tausende von Mandelbäumen in voller Blüte.

Wilde Malve.

Gewöhnlicher Thymian.

Balaephryne muletensis - ein lebendes Fossil?

Im Jahre 1978 entdeckten Wissenschaftler im Norden Mallorcas eine Froschlurchart, von der man annahm, daß sie seit 15 000 Jahren ausgestorben sei. Es handelt sich um einen Vertreter der Scheibenzüngler (Discoglossidae), zu denen Unken und Geburtshelferkröten gehören. Bisher kannte man diese Art nur als Fossil aus dem Holozän.

Man schätzt die Population dieses überaus seltenen Frosches auf nur etwa 1500 Exemplare. Die Art wurde bisher nur auf Mallorca in mindestens 6 Flußsystemen gefunden. Ein eigenes Schutzprogramm wurde inzwischen zu ihrer Erhaltung eingeleitet. Wegen der Seltenheit und damit verbundenen starken Gefährdung muß an dieser Stelle von regional bezogenen Angaben abgesehen werden.

Fauna

Im Gegensatz zum Festland wirkt die Fauna auf den Balearen eher bescheiden, woran in erster Linie die Insellage ausschlaggebend sein mag. Darüber hinaus ist die Inselgruppe jahrtausendaltes Siedlungsgebiet, was vermutlich zur Ausrottung der größeren Säugetierarten führte. Hierzu zählen die ziegengroße Antilopenart *Myotragus balearicus* sowie die nur noch im östlichen Mittelmeer beheimatete Mönchsrobbe.

Trotz der Insellage ist die Zahl endemischer Tierarten gering, um so größer aber die Zahl der Unterarten bei Käfern und Landschnecken, deren Verbreitungsgebiet sich auf die Balearen beschränkt.

Am artenreichsten sind die Gliedertiere vertreten, zu denen auch die **Spinnentiere** gehören. Eine der größten Arten ist der Mittelmeerskorpion, dessen schmerzhafte Stiche meist ungefährlich sind. Mit Schmerzen verbunden sind auch Bisse der Tarantel, die zu den Wolfsspinnen gehört. Eine Vertreterin der Radnetzspinnen ist die auffällig gezeichnete Wespenspinne. Schließlich dürfen die blutsaugenden Zecken nicht unerwähnt bleiben, mit denen man bei Wanderungen durch Buschwerk gelegentlich unangenehme Bekanntschaft macht.

Unter den Gliedertierarten sind, wie in fast allen Teilen der Welt, auch auf den Balearen die **Insekten** am zahlreichsten vertreten. Von den Geradflüglern verdient besonders die bis 8 cm große Nasenschrecke mit ihrem merkwürdig gestalteten Kopf Erwähnung. Auf Mallorca und Menorca lebt sogar eine endemische Art, die flügellose Heuschrecke *Steropleurus balearicus*. Die nächtlichen Insektenkonzerte werden vor allem von Zweifleckgrillen und Feldgrillen beherrscht (s. S. 91). Von den Fangschrecken ist die Gottesanbeterin am häufigsten anzutreffen. Durch ihren lauten metallischen Gesang machen sich die Männchen der Singzikade besonders in Kiefernwäldern bemerkbar. Auch unter den Käfern gibt es eine endemische Art, den Schwarzkäfer *Brachycerus balearicus*.

Große Aufmerksamkeit ziehen viele farbenprächtige Schmetterlingsarten auf sich, darunter der Perlmutterfalter, der Schwalbenschwanz sowie der Erdbeerbaumfalter. Zu den auf den Balearen verbreiteten Nachtschmetterlingen gehören die prächtigen Oleanderschwärmer, Totenkopfschwärmer sowie eine Unterart des Wolfsmilchschwärmers (*Drilephila euphorbiae balearica*).

Von den landlebenden **Weichtieren** sind besonders die hübsch gefärbten *Helicella*-Schnecken zu erwähren, die häufig in größerer Zahl an verdorrten Pflanzenstengeln die sommerliche Trockenzeit überdauern.

Mangels größerer Süßgewässer ist die Artenzahl von **Süßwasserfischen** gering. Am fischreichsten sind die Gewässer der S'Albufera auf Mallorca, wo neben dem Flußaal der Dreistachelige Stichling und die Sandgrundel ihr natürliches Verbreitungsgebiet haben. Aus Nordamerika wurde dagegen die Gambusie zur Bekämpfung der *Anopheles*-Larven eingeführt.

Aus gleichem Grund (Mangel an Süßgewässern) sind auch **Amphibien** nur mit wenigen Arten präsent, beispielsweise eine Unterart des Seefrosches, die Geburtshelferkröte sowie auf Mallorca und Menorca der Mittelmeerlaubfrosch. Besonderer Erwähnung bedarf der endemische Scheibenzüngler *Balaephryne muletensis* (s.Essay links).

Artenreicher sind die **Reptilien** auf den Balearen, vertreten durch Eidechsen, Schlangen und Schildkröten. Sonnige Plätze werden vor allem von Eidechsen bevorzugt, etwa den Mauereidechsen oder den endemischen Arten Balearen-Eidechse (Mallorca, Menorca und benachbarte kleinere Inseln) und Pityusen-Eidechse (Ibiza, Formentera und benchbarte kleinere Inseln, auf Mallorca eingebürgert). In die verwandtschaftliche Nähe der Eidechsen gehören der Mauergecko und der Europäische Halbfingergecko, die sich aber tagsüber meistens verborgen halten.

Zu den Schlangen zählen vier Arten: die ebenfalls bei uns verbreitete Ringelnatter, die Treppennatter, die Vipernnatter und die giftige Kapuzennatter, deren Biß zwar schmerzhaft, aber ungefährlich ist.

Von den landlebenden Schildkröten sind die Griechische Landschildkröte und die Europäische Sumpfschidkröte auf den Balearen verbreitet.

Wesentlich artenärmer sind die **Säugetiere** auf den Balearen vertreten, bei denen Großsäuger ganz und gar fehlen, wenn man von den eingeführten und z. T. verwilderten Haustieren absieht. Zu den räu-

berischen Arten zählt die inzwischen recht selten gewordene Ginsterkatze. Sie gehört zu den Schleichkatzen, besitzt ein hellbraunes, dunkel gestreiftes Fell und führt ein nächtliches Leben. In den Bergwäldern lebt der auch bei uns heimische Baummarder, dessen Beutetiere hauptsächlich Vögel und Kleinsäuger sind. Zu den bevorzugten Jagdtieren gehören das Wildkaninchen und der Feldhase. Von den Kleinnagetieren gehört der bei uns verbreitete Gartenschläfer zur Fauna der Balearen. Die Insektenfresser sind durch den Wanderigel, die endemische Balearen-Spitzmaus sowie durch 8 Fledermausarten vertreten.

Die Vögel der Balearen

Die Vogelwelt der Balearen läßt sich für den Besucher aus Mitteleuropa unter drei Gesichtspunkten bewerten. Von besonderem Interesse sind einmal einige Seevogelarten, die an den Küsten brüten und an günstigen Stellen auch von der Küste aus über dem Meer fast zu allen Jahreszeiten zu beobachten sind. Die Landvogelfauna ist als Folge der Inselsituation zwar artenärmer als auf dem spanischen Festland, enthält jedoch einige der geographischen Lage entsprechend besonders interessante Brutvogelarten. Schließlich kommt als dritter Gesichtspunkt noch der Vogelzug hinzu: Die Balearen sind ein wichtiger Trittstein für den Landvogelzug über das westliche Mittelmeer und auch Winterquartier für eine Reihe nord- und mitteleuropäischer Arten; dies gilt nicht nur für typische Landvögel, sondern z. B. auch für Watvögel und Enten.

Die touristische Entwicklung hat allerdings viele Brut- und Rastbiotope zerstört und gefährdet, doch erhielt auf den Balearen der Vogelschutz neuerdings enormen Auftrieb. Der Servicio Municipal de Proteccion de la Avifauna Balear gibt seit geraumer Zeit z. B. Jahresberichte seiner Aktivitäten heraus, für einzelne Arten (z. B.

Der Schwalbenschwanz gehört auch auf den Balearen zu den farbenprächtigsten Tagfaltern.

Seevogelkolonien oder Mönchsgeier) werden laufende Forschungs- und Schutzprojekte durchgeführt und auch international bedeutende Schutzgebiete wurden errichtet.

Unter den mediterranen Seevögeln brüten mindestens 6 Arten im Bereich der Balearen. Ihr Schicksal ist wechselhaft. Bestandseinbußen entstanden durch direkte Verfolgung durch die einheimische Bevölkerung, die aber seit langem unterbunden ist; Seevögel spielen in der Ernährung heute keine Rolle mehr. Die Öffnung der Küsten für den Tourismus vernichtete viele Brutplätze. Als Folge der Umweltverschmutzung durch den starken Tourismus spielen in manchen Brutkolonien heute Ratten als Nesträuber eine nicht zu unterschätzende Rolle. Ferner ertrinken tauchende Krähenscharben, Kormorane und Sturmtaucher jährlich zu Hunderten in den Netzen der Fischerei. Schutzmaßnahmen an manchen Brutplätzen haben aber auch unbestrittene Erfolge erzielt.

Eine Kartierung der Seevogelkolonien im Sommer 1991 erbrachte über die aktuellen Brutbestände der Arten im Bereich der Balearen folgende Ergebnisse:

Vom Gelbschnabel-Sturmtaucher brüten rund 11000 Paare an den Küsten und vorgelagerten Inseln, davon etwa 10000 in vielen Kolonien um Menorca. Der Bestand des Mittelmeer-Sturmtauchers, der bis vor kurzem noch als Unterart des atlantischen Schwarzschnabel-Sturmtauchers betrachtet wurde, beläuft sich auf 3300 Paare; davon brüten etwa 2400 auf Formentera. Auch die bisher für selten gehaltene Sturmschwalbe brachte es auf etwa 3000 Paare; davon brüten allein rund 2800 auf den kleinen Inseln zwischen Ibiza und Formentera. Bei der Krähenscharbe ist leider ein Rückgang zu verzeichnen: Nur etwa 950 Brutpaare konnten 1991 ermittelt werden. Die einstmals größte Kolonie des Mittelmeeres am Kap Blanc im Südwesten Mallorcas wies noch um 1986/88 rund 550 Paare auf; rund 90 konnten 1991 gezählt werden. Krähenscharben sieht man auch außerhalb der Brutzeit oft an der Küste oder auf Felsen und Molen sitzen. Man muß dann allerdings genau hinsehen, um sie von den im westlichen Mittelmeer überwinternden Kormoranen zu unterscheiden. Der häufigste Seevogel der Balearen ist die Weißkopfmöwe, deren Bestand im letzten Jahrzehnt offenbar zugenommen hat. 1991 zählte man über 12000 Paare, davon je über 3000 auf Mallorca, Menorca und auf den Inseln zwischen Ibiza und Formentera. Diese kleinen Inseln sind mit rund 450 Paaren auch der Konzentrationspunkt der Korallenmöwe, eines besonderen ornithologischen Anziehungspunktes der Balearen. Erfreulicherweise haben die Bestände dieser eleganten Möwe trotz der Konkurrenz durch die stärkere Weißkopfmöwe ebenfalls zugenommen. 1991 schätzte man 750 bis 800 Brutpaare, davon etwa 150 verteilt auf mehrere kleine Brutplätze in Mallorca.

Die Zahl der Brutvögel, die auf den Inseln selbst zu Hause sind, ist relativ klein. Zieht man den an den Sandküsten brütenden Seeregenpfeifer ab, sind es nicht einmal 40 Nichtsingvögel und kaum 45 Singvögel, die als regelmäßige Brutvögel wenigstens einer Insel gelten können. Doch für interessante Entdeckungen ist dennoch gesorgt.

Eine Kostbarkeit der Brutvogelfauna ist der Eleonorenfalke, der von Frühsommer bis Frühherbst anwesend ist. Ende der 70er Jahre zählte man von diesem seltenen Falken insgesamt 254 Paare an 24 Brutplätzen, die sich meist auf Küstenfelsen oder Steilwänden in Küstennähe konzentrieren, und zwar im Norden Mallorcas, an der Westspitze Menorcas und auf Ibiza. Auch einige Wanderfalkenpaare brüten auf Mallorca, und mindestens 4 Brutpaare stellte man 1991 auf Formentera fest. In der Serra Tramuntana im Nordosten Mallorcas hat das seit über 15 Jahren laufende Schutzprogramm des Mönchsgeiers Erfolge zu verzeichnen: Im Oktober 1990 wurden wieder rund 50 freifliegende Vögel registriert. Das Schutzprogramm, in dem auch in Gefangenschaft gezüchtete Jungvögel aus mehreren europäischen Zoos nach Umgewöhnung in Freiheit entlassen wurden, muß weiter fortgesetzt werden. Noch ist die Nachwuchsrate der mächtigen Vögel in Freiheit sehr gering. Die Berge im Norden Mallorcas sind auch der Brutplatz weniger Fischadlerpaare; 1991 wurden allerdings nur zwei erfolgreich brütende Paare gemeldet. Die langflügeligen Greifvögel sieht man über Stauseen des Gebirges, aber auch regelmäßig im Parc Natural de S´Albufera bei Alcúdia. Zu den seltenen oder sogar unregelmäßigen Brutvögeln zählen heute Habichtsadler und Schlangenadler. Schmutzgeier sind nur noch Sommergäste auf Menorca. Unter den weiterenBrutvögeln sind für den Mitteleuropäer Stelzenläufer (größte Kolonie mit 96 Nestern im Jahr 1991 bei Salobrar de Campos auf Mallorca), Triel, Rothuhn, Zwergohreule, Blauracke, Bienenfresser oder Wiedehopf besonders interessant. In der S´Albufera bei Alcúdia (Mallorca) hat man neuerdings Purpurhühner aus dem Guadalquivir in Andalusien

Das Schwarzkehlchen bevorzugt offenes Gelände mit höheren Stauden und Sträuchern als Sitzwarten.

ausgesetzt. Von den »gewöhnlichen« Sommervögeln sollte man sich z. B. die »Mauersegler« genau ansehen, denn auf allen Inseln kommen auch Fahlsegler nicht selten vor. Der dritte im Bunde ist der große Alpensegler, der mehr auf die Gebirge beschränkt ist.

Die Singvogelwelt scheint im Sommer fast ärmer als im Winter. Besonders typische und interessante Brutvögel sind z. B. Theklalerche, Kurzzehenlerche, Felsenschwalbe, Blaumerle, Sarden- und Samt-

Die Grauammer singt gern von höheren Warten.

Liste der Singvögel der Balearen (nur Brutvögel)

Art	Mallorca	Menorca	Ibiza	Formentera
Theklalerche	△	△	△	△
Kurzzehenlerche	○	○	○	
Rötelschwalbe	○	○	○	
Uferschwalbe	○			
Felsenschwalbe	△	△	△	
Rauchschwalbe	○	○	○	○
Mehlschwalbe	○	○	○	○
Brachpieper	○	○		
Schafstelze	○	○	○	
Zaunkönig	△	△		
Nachtigall	○	○	○	○
Schwarzkehlchen	△	△	△	△
Steinschmätzer			○	○
Steinrötel	○			
Blaumerle	△	△	△	△
Amsel	△	△		
Cistensänger	△	△	△	
Seidensänger	△	△	△	
Mariskensänger	△			
Drosselrohrsänger	○		○	
Sardengrasmücke	△	△	△	△
Provencegrasmücke		△		
Brillengrasmücke		○		
Samtkopfgrasmücke	△	△	△	△
Mönchsgrasmücke	△	△		
Sommergoldhähnchen	△			
Grauschnäpper	○	○	○	
Blaumeise	△			
Kohlmeise	△	△	△	
Rotkopfwürger	○	○	○	
Eichelhäher	△	△	△	
Kolkrabe	△	△	△	△
Haussperling	△	△	△	△
Feldsperling	△	△	△	△
Steinsperling	△	△		△
Buchfink	△	△	△	
Girlitz	△		△	
Grünling	△	△	△	△
Stieglitz	△	△	△	△
Bluthänfling	△	△	△	△
Fichtenkreuzschnabel	△		△	
Rohrammer	△		△	
Zaunammer	△		△	
Grauammer	△	△	△	

○ = nur Sommer; △ = ganzjährig

kopfgrasmücke. Manche weitere mediterrane Arten sind recht selten oder kommen nur an bestimmten Plätzen vor, wie etwa Steinrötel auf den Bergen im Norden Mallorcas, Mariskensänger in der S´Albufera bei Alcúdia (dort allerdings nicht selten), Brillengrasmücke und Provencegrasmücke auf Menorca, Steinsperling an wenigen Stellen (fehlt auf Ibiza) oder die Zaunammer auf Menorca und Ibiza. Zu den häufigen Arten zählen auch Nachtigall und Grauammer.

Viele aus Mitteleuropa bekannte und im Winterhalbjahr das Bild bestimmende Vögel brüten nicht auf den Balearen. Schon auf dem Rasen im Garten kann man dann Wiesenpieper, Hausrotschwänze, Singdrosseln oder Rotkehlchen beobachten. Ebenso wie Wasserpieper, Gebirgstelze, Bachstelze, Wacholderdrossel, Misteldrossel, Star oder Kernbeißer sind sie keine Brutvögel, zumindest nicht regelmäßige, obwohl die Inseln zu bestimmten Zeiten von ihnen voll sind. Auch Angehörige nördlicher Arten sind fast regelmäßig im Winter anzutreffen, wie etwa Rotdrossel, Erlenzeisig oder Bergfink.

Zu den Winter- oder Durchzugsgästen zählen neben interssanten Singvögeln auch manche Seeschwalben und viele Watvögel; in ruhigen Buchten oder stillen Segelhäfen sowie an Binnengewässern überwintern Enten und Taucher. Die im Januar 1988 bis 1991 auf den Inseln durchgeführten Wasservogelzählungen ergaben z. B. folgende Maxima der häufigsten Arten: über 3000 Bläßhühner, je über 1500 Schwarzhalstaucher, Stockenten, Krickenten, über 1000 Kiebitze, je über 500 Pfeifenten, Schnatterenten, Löffelenten und Tafelenten. Gering scheint derzeit die Zahl der überwinternden Flamingos; auch Kraniche kommen nur einzeln auf die Inseln. Lokale Konzentrationen von über 120 Kuh- und 200 Seidenreihern wurden in den letzten Jahren ermittelt; Purpurreiher brüten auch einzeln.

Während der Zugzeiten sind viele Arten

In den Bergregionen Mallorcas ist der Alpensegler ein häufiger Brutvogel.

zu erwarten. Die Intensivierung feldornithologischer Tätigkeit auf den Balearen hat in den letzten Jahren viele Überraschungen gebracht. Unter den von Experten anerkannten Seltenheiten wurden in wenigen Jahren u. a. Graubrust-Strandläufer, Spornpieper, Sichler, Marmelente, Adlerbussard, Schwarzflügel-Brachschwalbe, Mornellregenpfeifer, Kleiner Gelbschenkel, Zwergschnäpper oder Zwergammer nachgewiesen. Groß ist auch die Artenzahl der rastenden Watvögel, Möwen und Seeschwalben, doch sind die Individuenmengen im Vergleich etwa zum Wattenmeer der Nordsee natürlich sehr gering. Im Winter ist auch mit Baßtölpeln und Alken aus dem Atlantik vor den Küsten zu rechnen. Mehrere Greifvogelarten erscheinen regelmäßig auf dem Durchzug oder überwintern, wie z. B. Kornweihen. Die Zahl seltener Singvögel, von denen manche vielleicht doch regelmäßiger durchziehen als bisher vermutet, hat nicht zuletzt durch Fang und Beringung in letzter Zeit vor allem auf Mallorca erstaunlich zugenommen. Hier wird noch manches zu entdecken sein.

Leben im Meer

Eine Beschreibung der Flora und Fauna darf bei den Balearen-Inseln nicht an der Küste enden, wenn auch viele der Meereslebewesen wie Speisefische, Schalen- und Krustentiere den Besuchern erst auf den Märkten zu Gesicht kommen. Natürlich gibt es auch Möglichkeiten, mit Hilfe von Tauchausrüstungen das Leben unter Wasser selber kennenzulernen. Mehrere Tauchbasen sind dafür eingerichtet, aber auch Ausfahrten mit Glasboden-Booten geben die Möglichkeit des unmittelbaren Erlebens der Unterwasserwelt.

Leider hat während der zurückliegenden Jahrzehnte der Bau zahlreicher Urlaubszentren ohne Rücksicht auf die Umwelt auch das Meer mit ungeklärten Abwässern belastet. Die Folge war eine katastrophale Dezimierung der Litoralfauna. Sporttaucher mit Fischharpunen taten das übrige. Trotz Jagdverbots sind große Fische in Küstennähe heute ein seltener Anblick. Um einer weiteren Minderung der Urlaubsqualität Einhalt zu bieten, wurden in den letzten Jahren moderne Kläranlagen mit biologischer Abwasserreinigung gebaut, so daß heute nur ein geringer Teil der Abwässer ungeklärt ins Meer gelangt. Trotzdem kommt es immer noch zur Massenvermehrung des Seegrases. Dies bekommt man dann zu spüren, wenn starke Stürme riesige Mengen der übelriechenden Pflanzenmassen an die Strände spülten.

Das regenarme subtropische Klima und das Fehlen größerer Zuflüsse – der Nil bildet die einzige Ausnahme – machten das Mittelmeer zu einem ariden Meeresgebiet. Dies erklärt den überdurchschnittlich hohen Salzgehalt von etwa 3,7 % und die geringe Wassertrübung. Früher war das Mittelmeer einer der artenreichsten marinen Lebensräume der Subtropen. Heute gibt es jedoch nur noch wenige Rückzugsgebiete fern der Badestrände in geschützten Felsbuchten.

Dort gewinnt man die besten Eindrücke vom sogenannten **Felslitoral**, also dem Leben in der Spritzwasserzone, ohne selbst unter Wasser zu sein. Die amphibische Lebensweise mit ständigem Wechsel zwischen Wasser und Luft erfordert nicht nur hochgradige Anpassungen gegen Austrocknung, sondern auch mechanischen Schutz gegen die mehr oder weniger stark bewegte See. So trifft man unter den Tieren überwiegend Vertreter der Hohltiere, Krebse und Weichtiere an.

Von den **Hohltieren**, die noch zu primitiven Tierstämmen ohne differenzierte Organe gehören, sind meistens Hornkorallen (Vertreter der Hydroidpolypen) vertreten. Wie der Name schon sagt, bilden die in Kolonien lebenden Polypen ein elasti-

Am felsigen Untergrund fest angesaugt widerstehen Napfschnecken auch starker Brandung.

Das Felslitoral formt weite Küstenbereiche der Balearen.

sches Chitinskelett, das auch starken Wellenbewegungen widersteht. Zu den häufigsten Arten gehört der auch in der Nordsee verbreitete Spindelpolyp, dessen zierlich verzweigte Kolonien sich gern auf steinigem Untergrund festheften. Etwas weiter unterhalb der Spritzwasserzone leben einige zum gleichen Stamm gehörende Blumentiere (Anthozoa), etwa die Gestreifte Seerose oder Zylinderseerosen mit ihren zum Teil farbprächtigen Tentakelkränzen, die namensgebend für diese Arten waren.

Viel zahlreicher sind Arten von **Weichtieren** anzutreffen, darunter vor allem Muscheln und Schnecken. Auch ihre Überlebensstrategie beruht auf fester Haftung am felsigen Untergrund und Schutz gegen Austrockung durch Kalkschalen bzw. Kalkgehäuse. Während die Muscheln (Miesmuscheln, Zwiebelmuscheln) durch Haftfäden ständig mit dem Untergrund verbunden sind, bewegen sich Schnecken zur Nahrungssuche fort. Bei starker Brandung oder Gefahr können sie sich blitzschnell festsaugen, und es bedarf schon großer Anstrengungen, sie von ihrer Unterlage zu trennen. Als häufigste Arten sind Napf-, Strand- und Käferschnecken zu nennen. Die beiden erstgenannten Arten findet man in Fischrestaurants des öfteren als »Mariscos« auf der Speisekarte. Im Gegensatz zu den Weichtieren haben sich nur wenige **Krebsarten** diesen Lebensraum erobert. Am häufigsten begegnet man Strandflöhen als Vertreter der Flohkrebse (Amphipoda), die nur 1–2 cm groß werden und sich gern unter Spülgut oder in kleinen Felstümpeln aufhalten. Den festsitzenden Seepocken mit ihren weißen Kalkgehäusen sieht man überhaupt nicht an, daß auch sie zu den Krebsen, genauer gesagt zu den Rankenfüßern (Cirripedia), gehören. Nur an ihren Larvenstadien und gegliederten Tentakeln kann man die Zugehörigkeit zu dieser Tierklasse erkennen.

Von den **Stachelhäutern** sieht man hin und wieder etwa 3–6 cm große Steinseeigel in kleinen, vom Spritzwasser gefüllten Felstümpeln. Schließlich müssen unter den Pflanzen noch einige Algenarten Erwähnung finden wie der Meersalat, Wurmtang und der Kleinästige Kalktang, dessen moosartiger Pflanzenkörper Einlagerungen von Kalziumkarbonat besitzt.

Noch schwieriger sind die Überlebensbedingungen in der Brandungszone von **Sandstränden**, abgesehen davon, daß die meisten inzwischen von Badeurlaubern vereinnahmt sind. Brandung und fehlende feste Unterlage ermöglichen zumeist nur ein Leben eingegraben in Sand und Schlick. Auf diese Lebensweise haben sich besonders Seeringelwürmer, Muscheln und Seeigel spezialisiert. An kleinen Sandhaufen kann man die Anwesenheit von Sandpierwürmern erkennen, aber auch angespülte Schalen von Pfeffer-, Eßbaren Herz- und Scheidenmuscheln weisen auf die verborgene Lebensweise dieser Weichtiere hin. Sie werden ebenfalls gern gegessen und oft auf Fischmärkten angeboten. Ähnlich verborgen spielt sich das Leben der Herzseeigel ab, die von irregulärer Körpergestalt sind und keine Stacheln besitzen.

Das **Sublitoral**, eine Zone von der Meeresoberfläche bis etwa 10 m Tiefe, entzieht sich normalerweise den Blicken, sofern man keine Fahrten mit Glasbodenbooten macht, schnorchelt oder mit Tauchausrüstungen in größere Tiefen geht. Neben nahen Verwandten der bereits erwähnten Tierklassen ist das Sublitoral vor allem das Reich der Fische, von denen uns aber die meisten fremd sind. Auf den Märkten gewinnt man am besten einen Überblick vom Artenreichtum der Fische, die meist in Küstennähe gefangen werden. Enttäuschender sind dagegen Tauchgänge, weil vor allem die großen Seebarscharten der Harpunenjagd zum Opfer gefallen sind. Bei der Aufzählung können nur die häufigsten erwähnt werden, darunter

Meeräschen (Große Meeräsche, Goldmeeräsche), Lippfische (Grüner Lippfisch) Sägebarsche (Schriftbarsch), Meerbrassen (Goldbrassen, Geißbrassen) und das zu den Skorpionsfischen gehörende Petermännchen, dessen giftige Stachelstrahlen zu schmerzhaften Verletzungen führen können. Fast zum Glückssymbol ist mittlerweile das Seepferdchen geworden, das zu den Seenadeln gehört und sich gern mit seinem Schwanz an Seegras oder Algen klammert. Sandigen Grund bevorzugen Plattfische, darunter die schmackhaften Steinbutte und Seezungen.

Von den Krebsen sind vor allem Langusten als begehrte Delikatesse bekannt. Zu den Krebstieren gehört auch der große Einsiedlerkrebs, der wie seine verwandten Arten leere Schneckengehäuse zum Schutz seines weichen Hinterleibs wählt. Die zu den aalartigen Fischen gehörende Muräne führt ein verborgenes Leben in Höhlen, wo sie ihrer Beute auflauert. Die gleiche Jagdtechnik wenden Kraken an, die mit ihren saugnapfbewehrten Kopftentakeln hauptsächlich bodenlebende Meerestiere ergreifen.

An Stachelhäutern erblickt man hauptsächlich Mittelmeer-Haarsterne, Kammseesterne, Melonenseeigel und Seegurken der Art *Holothuria polii*. Großwüchsige Schwämme sowie die zu den Hohltieren gehörenden Seefächer und Seefedern bilden oft den kulissenartigen Hintergrund der Unterwasserwelt. Riffbildende Steinkorallen sucht man vergeblich, die inzwischen geschützte Edelkoralle kommt erst in Tiefen ab 50 m vor.

Die Meeresflora ist vor allem mit Braun- und Rotalgen vertreten. An den Stränden findet man neben Seegras oft angespülten Mittelmeer-Ledertang, dessen blasenartige Schwimmkörper auf die nahe Verwandtschaft zu unserem an Nord- und Ostsee verbreiteten Blasentang hinweisen. Im tieferen Wasser gedeihen die meisten Rotalgenarten, darunter auch die purpurfarbene *Porphyra leucosticta*, die in ihrem

Wuchs an Salat erinnert. Auf das massenhaft vorkommende Seegras wurde schon hingewiesen. Richtig genommen handelt es sich um zwei Arten, nämlich das See- und das Neptunsgras, die flachen sandigen Meersgrund bevorzugen. Beide gehören tatsächlich zu den wenigen meeresbewohnenden Blütenpflanzen. Im Gegensatz zu den vielen landbewohnenden Pflanzen erfolgt die Bestäubung durch das Verdriften der Pollen im Wasser. Seegras wurde übrigens früher gern in getrocknetem Zustand für Matratzenfüllungen verwendet. In diesem Zusammenhang muß auf die häufig angespültenNeptunsbälle hingewiesen werden, bei denen es sich um verfilztes Fasermaterial des Neptungrases handelt.

Erst auf den Fischmärkten gewinnt man eine Vorstellung davon, daß auch im freien Wasser reiches Leben herrscht. Im sogenannten **Pelagial** leben vor allem Fische und Garnelen, von denen die meisten Arten eine große wirtschaftliche Bedeutung haben. Man denke nur an den Sardinenfang oder an die großen Mengen angelandeter Makrelen- und Thunfischarten. In der Regel sind es die auch in der Nord- und Ostsee verbreiteten Makrelen sowie die etwas kleinere Blasenmakrele. Der bis 3 m lange Rote Thunfisch ist neben dem ebenso großen Schwertfisch auch unter den Sportfischern eine beliebte Beute. Zu den pelagisch lebenden Fischen gehören im Mittelmeer die meisten Haiarten, und leider ist die Gefahr durch große Arten nicht ganz abwegig. Bei den meisten Unfällen handelt es sich um Attacken des Blauhais, der fast immer vom Atlantischen Ozean einwanderte.

Mensch und Geschichte

Die Siedlungsgeschichte der Balearen reicht bis in das 6. Jahrtausend v. Chr. zurück. Eindrucksvolle Kult- und Grabstätten hinterließen die **Megalithkulturen** zwischen 2000 und 150 Jahren v. Chr. besonders auf Menorca und Mallorca. Erst mit Ankunft der **Römer** 122 v. Chr. setzten durch Holzeinschlag und Kultivierung großer Landflächen für Wein und Oliven großflächige Veränderungen der

Zeugnis geschichtlicher Vergangenheit - die Römische Brücke von Pollença.

Nur noch wenige Windmühlen erfüllen ihren Zweck für die Wassergewinnung.

afrikanische **Piraten** die Balearen bedrohten, wurden entlang der Küste zahlreiche Festungstürme (Alalayas) zum Schutz gegen die Eindringlinge errichtet. Als weiteren Schutz gegen die Piraten begannen die Inselbewohner ausgedehnte Aleppokiefernwälder aufzuforsten, die noch heute zum Landschaftsbild der Küstenregionen gehören.

Weiträumige landschaftliche Veränderungen brachte auf Mallorca die großflächige Trockenlegung von Feuchtgebieten östlich der Inselhauptstadt Palma, der S'Albufera, und in der Ebene von Es Trenc/Salobrar. Dies führte nun wiederum dazu, daß während der regenarmen Sommermonate Wasser gefördert werden muß, was bis vor wenigen Jahren mit Windkraft geschah. Leider verdrängen nun Motorpumpen die seit Jahrhunderten zum Landschaftsbild gehörenden Windräder.

Bereits im vorigen Jahrhundert wurde Mallorca Reiseziel für wintermüde Mittel- und Nordeuropäer. Zu den prominentesten Gästen gehörte zweifellos Frédéric Chopin mit seiner Gefährtin George Sand im Winter 1838/39. Der eigentliche Massentourismus, der vor allem die Insel Mallorca in Verruf brachte, setzte jedoch erst nach dem 2. Weltkrieg ein. Von 127 000 im Jahre 1950 schnellte die Zahl der Touristen auf gegenwärtig jährlich 5–6 Mio. Dies blieb für Natur und Landschaft nicht ohne Folgen. Ein Ausverkauf der Küstenregionen mit Badestränden setzte ein, Hotelkomplexe breiteten sich ohne koordinierte Planung aus, und das Netz der Zubringerstraßen wurde immer dichter. Als Mallorca vor 10 Jahren den Höhepunkt seines Negativimages erreichte, begann die inzwischen autonom gewordene Inselregierung ein umfangreiches Landschafts- und Naturschutzprogramm in Angriff zu nehmen. Mittlerweile sind auf den Balearen 89 Schutzgebiete eingerichtet worden, um zumindest dort der fortschreitenden Urbanisierung Einhalt zu gebieten.

Naturlandschaft ein. Etwa 400 n. Chr. folgten den Römern die **Vandalen**, die nach weiteren 300 Jahren den von Nordafrika vorrückenden **Mauren** weichen mußten. Dank ihrer hochentwickelten Landwirtschafts- und Gartenkultur, verbunden mit aufwendigen Bewässerungsanlagen, entwickelte sich besonders Mallorca zu einer blühenden Kulturlandschaft. Zahlreiche Terrassenkulturen sowie die eingeführten Mandelbäume und Zitrusfruchtarten erinnern noch heute an die Maurenherrschaft. Nach Vertreibung der Mauren im 13. Jh. vereinigten sich die Balearen mit dem aragonesichen Königreich des nördlichen **Spaniens**. Aus jener Zeit rührt der Großgrundbesitz her, der noch heute ausgedehnte Ländereien und Waldgebiete umfaßt. Als im 16. Jh. zunehmend nord-

Mallorca

Mit 3 626 km², d. h. 72,3% der Gesamtfläche der Balearen ist Mallorca mit Abstand die größte Insel und zugleich auch
die bekannteste. Seit vielen Jahrzehnten
gehört Mallorca dank des angenehmen
Mittelmeerklimas, ausgedehnter Strände
und reizvoller Landschaften zu den bevorzugten Reisezielen. Das blieb nicht ohne
nachteilige Folgen, und so wurde diese Insel zum Inbegriff des Massentourismus.
Mittlerweile hat man aus den Fehlern ge-
lernt und Schritt für Schritt einige große
zusammenhängende Regionen zu Land-
schafts- und Naturschutzgebieten erklärt.
An landschaflichem Reiz hat Mallorca
trotz des Massentourismus nur wenig eingebüßt, dies gilt besonders für die Bergregionen im Norden.
Die Landschaft der Insel wird von zwei
fast parallel verlaufenden Bergzügen bestimmt, der **Serra Tramuntana** im Norden
und der **Serra Llevant** im Süden, die größtenteils aus Sedimentgesteinen des Erdmittelalters bestehen. Dazwischen breitet
sich die fruchtbare Ebene **Es Pla Llanura del
Centro** aus. Mit 1 445 m ist der **Puig Mayor**
die höchste Erhebung Mallorcas.

Terrassengärten beim Torre de Ses Animes.

In den Bergregionen der Serra Tramuntana trifft man noch zusammenhängende
Steineichenwälder an, während die küstennahen Gebiete überwiegend mit Aleppokiefern bewaldet sind. Leider schrumpf-
ten die ehemals ausgedehnten Feuchtgebiete von S´Albufera und Es Trenc/Sa-
lobrar durch Kultivierungsmaßnahmen
stark zusammen oder verschwanden fast
ganz, wie die Salinas de Fontanella süd-
östlich von Palma durch den Bau des Flug-
hafens.

Praktische Tips

Anreise
Kaum ein anderes Reiseziel bietet so viele
Anreisemöglichkeiten auf dem Luftwege
an wie Mallorca. Autofahrer, besonders
Besitzer von Campmobilen, wählen für
ihre Anreise Fährverbindungen von Barcelona, Sète (Frankreich) oder Genua.

Verkehr
Das Straßennetz ist auf Mallorca sehr
dicht und in gutem Zustand. Kurvenreiche
Straßen im Gebirge und Autostaus während der sommerlichen Feriensaison können das Autofahren erschweren. Leihwagen erhält man in der Hauptstadt Palma
und in allen größeren Ferienorten. Ein
ausgedehntes Netz von Buslinien erfaßt
nahezu alle Inselregionen. Die Linien treffen sich fast alle in Palma. Außerdem gibt
es noch drei Bahnlinien (Palma – Inca,
Palma – Sóller, Sóller – Port de Sóller)

Unterkunft
Trotz der großen Hotelkapazitäten kann es
besonders während der Feriensaison zu
Engpässen kommen. Informationen erhält
man aus Katalogen von Reiseveranstaltern
oder über spanische Fremdenverkehrs-
ämter.

1 Sa Trapa

Größtenteils mit Aleppokiefern bewaldetes Landschaftsschutzgebiet mit einer interessanten Steilküstenlandschaft; im gebirgigen Osten breitet sich Brachland von früheren Obst- und Olivenkulturen aus.

Sa Trapa – gemeint sind eigentlich die Ruinen eines ehemaligen Trappistenklosters – hat sich mittlerweile für den westlichsten Küstenbereich von Mallorca eingebürgert. Steilküsten, ausgedehnte Kiefernwälder und die Bergwelt der westlichen **Serra Tramuntana** geben dieser Landschaft einen besonderen Reiz. Darüber hinaus verfügt Sa Trapa über ein ausgedehntes Netz von Wanderwegen, so daß es zu den bevorzugten Ausflugszielen der Südwestregion gehört. Für Naturliebhaber hat es viel zu bieten.

Für die geologisch interessierten Leser lohnt ein Blick auf die vielfältigen Gesteinsformationen, die einen fast lückenlosen Rückblick auf die geologische Vergangeheit Mallorcas ermöglichen. Gemeint sind besonders Buntsandstein- und Kalksteinformationen von der Trias über die Jura bis zur Kreide, aus denen sich durch tertiäre Auffaltungen die Serra de Tramuntana geformt hat. Diese Gesteinsformationen zeigen sich eindrucksvoll an den schroffen Felswänden des 420 m hohen **Puig de Ses Selles**.

Aber auch in botanischer Hinsicht hat Sa Trapa einiges zu bieten: Neben den Aleppokiefernwäldern trifft man an den Berghängen eine vielfältige Macchienvegetation und im Schutz der Steilküsten manche endemische Arten wie beispielsweise das Igelpolstergewächs *Anthyllis fulgurans*. In diesen Pflanzengesellschaften spiegelt sich die Niederschlagsarmut der Südwest-

Mittelpunkt des Naturschutzgebietes ist die Ruine des alten Trappistenklosters.

region wider, die mit teilweise weniger als 400 mm Jahresniederschlägen zu den regenärmsten Gebieten Mallorcas gehört.

Pflanzen und Tiere

Die dichten küstennahen Aleppokiefern-wälder sind eigentlich Fremdkörper in der mallorquinischen Waldlandschaft. Vielmehr wurde die Aleppokiefer, wie auch auf den Nachbarinseln, aus dem östlichen Mittelmeerraum eingeführt. Im Laufe der Zeit entwickelte sich der **Aleppokiefernwald** auf den Balearen zu einer der wichtigsten Lebensgemeinschaften und ist aus dem Landschaftsbild nicht mehr wegzudenken. Recht üppig ausgebildet ist das Unterholz, bestehend aus Mastixsträuchern, Wildoliven, Baum- und Vielblütiger Heide. An heißen Sommertagen weht ein würziger Duft von ätherischen Ölen, dessen Komponenten hauptsächlich von Aleppokiefern, Mastixsträuchern und Rosmarin gebildet werden.

Etwas farbiger wird das Bild des Aleppokieferwaldes während der niederschlagsreicheren Monate zwischen Oktober und Mai. Dann blühen Orchideenarten wie die Pyramidenorchis und verschiedene Ragwurzarten (*Ophrys lutea, O. fusca, O. bertolonii*). Bemerkenswert ist die Blüte der Wespenragwurz, deren Lippe die Form einer Wespe vortäuscht, um die Signalwirkung zu erhöhen.

Während des Frühwinters beginnt überall im Unterholz die Vielblütige Heide ihre zartrosa Blütentrauben auszutreiben. Dazu gesellt sich der Krummstab, ein im Mittelmeerraum weitverbreitetes Aronstabgewächs.

Kleinfrüchtiger Affodill.

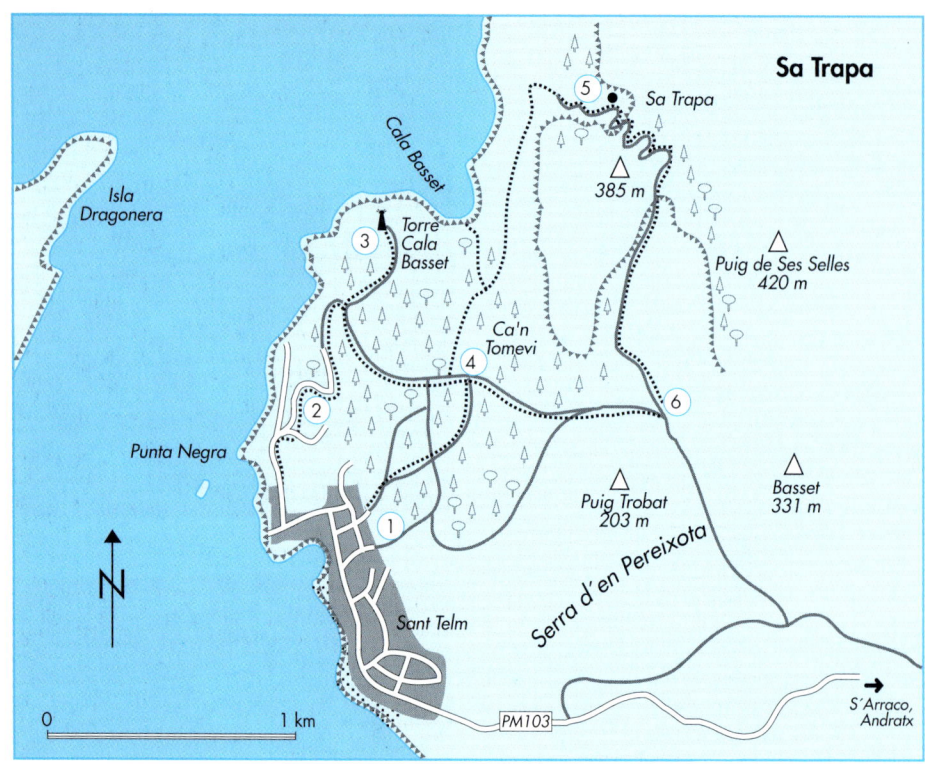

Ein besonders prächtiges Bild bietet im Frühjahr die **Macchienvegetation**, deren Farbpalette hellrosa Blütenkerzen des Röhrigen Affodills, rosarote Blütenstände von Wildgladiolen (S.116), schwefelgelbe Bouquets der Baumartigen Wolfsmilch, hellblaue Blüten des Gezähnten Lavendels und hellgelbe Schmetterlingsblüten des Ruten-Wundklees umfaßt. Mit fortschreitender Jahreszeit lösen die Weißliche Zistrose und die Montpellier-Zistrose sowie der auf Mallorca endemische Leuchtende Ginster die Frühlingsblüte ab. Überraschend häufig sind auch Zwergpalmen anzutreffen, die aber an diesem Standort meist keine Stämme bilden.

Von der Fauna ist dagegen nur wenig Spektakuläres zu erwarten. Zu verborgen spielt sich das Leben der Kleinvogelarten im Schutz der Kiefernwälder ab. Um so eindrucksvoller ist der vielstimmige Vogelgesang während des Frühlings, zu dem auch viele aus Mitteleuropa bekannte Arten beitragen. Am Chor beteiligt sind vor allem Nachtigallen, Grasmücken, Amseln und Buchfinken.

Weniger melodisch ist der Zikadengesang an heißen Sommertagen in den Baumwipfeln. Er rührt von der im Mittelmeerraum weit verbreiteten Singzikade her. Das scheue, bis 5 cm lange Insekt besitzt lange durchsichtige Flügel und ist dank seiner guten Tarnfarbe nur schwer zu entdecken. Anders als Grillen (s.S. 91) und Heuschrecken erzeugen Zikaden ihre Laute durch starke Vibration der Chitinplatten an der Unterseite des Abdomens. Im Gestrüpp der Macchie webt die auffällig gelb-schwarz gefärbte Wespenspinne ihr kunstvolles Radnetz.

Auf den Küstenfelsen kann man oft Blaumerlen beobachten. Der freie Blick von den Steilküsten ermöglicht Seevogelbeobachtungen. Kreisende Weißkopfmöwen machen durch ihre lauten Rufe schon aus größerer Entfernung auf sich aufmerksam. Größeres Glück muß man bei Beobachtungen der sehr seltenen Korallenmöwe haben, die etwas kleiner als die Weißkopfmöwe ist und einen korallenroten Schnabel sowie dunkelgraue Beine besitzt, ihr sonst aber sehr ähnelt. Eine streng geschützte Brutkolonie befindet sich auf der Isla Cabrera. Besser sind die Chancen Vögel aus der Familie der Kormorane zu sichten. Meist handelt es sich um Krähenscharben von einer Brutkolonie auf der gegenüberliegenden Isla Dragonera.

Im Gebiet unterwegs

Auch dieses Gebiet lernt man am besten durch eine Wanderung kennen. Als Ausgangspunkt sollte der kleine Badeort **Sant Telm** ① gewählt werden, der von Palma bis Andraitx über die PM 719 und dann weiter über die PM 103 zu erreichen ist. Möglich ist auch die Busverbindung mit Umsteigen in Andraitx. Am nördlichen Ostrand von Sant Telm weist ein Schild mit der Aufschrift »Sa Trapa, Cala d´en Basset« auf den Wanderweg hin. Hinter einer Urbanisation oberhalb der steil ansteigenden Küste beginnt der Aleppokiefernwald, in den eine asphaltierte Straße hineinführt und in einen Schotterweg übergeht ②. Nun bieten sich schöne Ausblicke auf das Meer und die gegenüberliegende Isla Dragonera. Etwas unterhalb auf einem markanten Vorsprung wird auch der alte Wachturm **Torre Cala Basset** als erstes Ziel sichtar ③. Von der oberen Plattform erblickt man die bizarre Steilküstenlandschaft, unten gesäumt von weißer Gischt der Brandungswellen. An geschützten Stellen schimmern durch das klare, türkisfarbene Wasser Felsriffe und helle Sand-

Während der Sommermonate stimmen Mittelmeerzikaden ihren schrillen Gesang in den Kieferwäldern an.

Das Hochblatt des Krummstabes ist zu einer nach oben geöffneten Röhren verwachsen.

Macchienvegetation über, die den steilen Pfad auf beiden Seiten begleitet.

Die Ruinen des alten **Trappistenklosters** liegen versteckt in einem Tal mit verwilderter Kulturlandschaft, wie kunstvoll angelegte Steinterrassen noch erkennen lassen. Das Kloster wurde gegen Ende des 18. Jh. von Trappistenmönchen gegründet, die während der Französischen Revolution fliehen mußten. 1835 wurde auch dieses Kloster aufgrund einer Verfügung von Königin Isabella II. säkularisiert und von den Mönchen verlassen. Vor einigen Jahren konnte das Areal mit Spendenmitteln für die Schaffung eines Naturschutzgebietes erworben werden. In unmittelbarer Nähe der Ruinen steht der Überrest eines ehemals stattlichen Baumes der Amerikanischen Kermesbeere, dessen Wurzelausläufer eine mächtige Stammbasis bilden. Exemplare der gleichen Art befinden sich in Palma unterhalb des Almudaina-Palastes am Nordende des kleinen Parks S´Hort del Rei.

Für den Rückweg kann ein Fahrweg gewählt werden, der sich zwischen den Bergzügen des Puig de Ses Selles und der Serra d´en Pereixota abwärtswindet. Etwa 1 Stunde später weist an einer Wegegabelung ⑥ ein Schild nach rechts in Richtung Sant Telm, den Ausgangsort der Wanderung.

flächen. An dieser Stelle lassen sich auch am besten Seevögel beobachten.

Vom Torre geht es zunächst den gleichen Weg zurück, dann aber weiter durch dichten Kiefernwald zum Parkplatz **Ca´n Tomevi** ④, um dann links abbiegend zu einem 200–300 m hohen Steilhang zu gelangen ⑤, über den man nach etwa 1 1/2 Stunden Sa Trapa erreicht. Hier geht allmählich der Kiefernwald in eine

Bei dieser Wanderung empfiehlt sich festes Schuhwerk mit Profilsohlen, besonders für steile Teilstrecken. An Proviant und Getränk für eine Vesper sollte gedacht werden, weil es unterwegs keine Einkehrmöglichkeit gibt.

Die Dornen des Schrecklichen Spargels haben sich aus umgewandelten Kurztrieben gebildet.

2 Der Auwald von Puigpunyent

Waldgebiet mit zahlreichen sommergrünen Baumarten, eine Besonderheit für die Balearen; Lebensgrundlage ist der ganzjährig wasserführende Torrent Sa Riera.

Fährt man mit dem Auto von Esporles über die hübsche Bergstrecke nach Galilea, so liegt auf dem Weg das kleine Städtchen Puigpunyent mit dem gleichnamigen Waldgebiet. Dieser Wald wäre von seiner Größe und Lage her kaum erwähnenswert, wenn sich sein Baumbestand nicht von allen anderen der Insel unterscheiden würde. Das Erscheinungsbild mit sommergrünen Baumarten gleicht mehr unseren Wäldern als einer mediterranen Vegetationsform, besonders dann, wenn im Herbst fast alle Bäume die Blätter abwerfen. So ist der Auwald von Puigpunyent der einzige größere laubabwerfende Wald der Balearen. Kleinere Waldbestände mit Laubabwurf sind noch zwischen Esporles und Sa Granja sowie zwischen Manacor und Felanitx anzutreffen. Für das notwendige Naß sorgt der **Torrent Sa Riera**, der das ganze Jahr über Wasser führt. Dies ist auf den Balearen mit den streng ausgeprägten Regen- und Trockenzeiten eher eine Ausnahmeerscheinung. Die inselartige Lage macht dieses Waldgebiet im Hinblick auf die Pflanzengesellschaften für Ökologen und Naturfreunde gleichermaßen interessant. Die beste Jahreszeit für einen Besuch sind die Frühlingsmonate von Februar bis Mai,

Die reifen Fruchtstände des Italienischen Aronstabes erkennt man an der roten Farbe.

Der Auwald von Puigpunyent - eine ökologische Insel auf Mallorca.

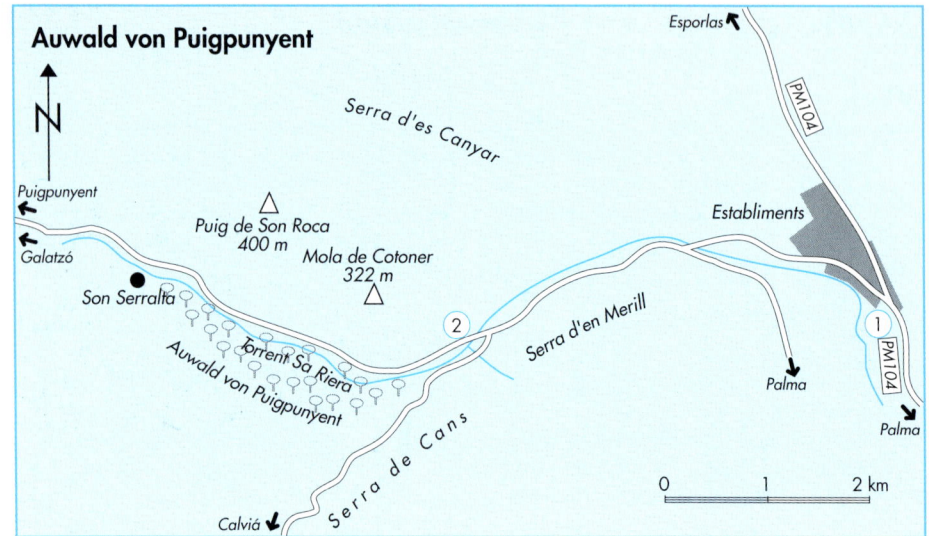

Auwald von Puigpunyent

N

Esporlas

Serra d'es Canyar

PM104

Puigpunyent

Galatzó

Puig de Son Roca
400 m

Mola de Cotoner
322 m

Establiments

Son Serralta

Torrent Sa Riera

Auwald von Puigpunyent

② Serra d'en Merill

Serra de Cans

① PM104

Palma

Palma

Calviá

0   1   2 km

wenn die Bäume frisches Laub treiben
und die Bodenflora in voller Blüte steht.

Pflanzen und Tiere

Schon vom Anblick gleicht der langgestreckte Forst im schmalen Tal des Torrent
Sa Riera einem Auwald, was seine Bestäti-
gung in der Artenzusammensetzung findet. Feldulme, Schwarzpappel, Morgenländische Platane, Schmalblättrige Esche
und Eingriffeliger Weißdorn bilden den
Baumbestand. Im Schatten der Bäume
breiten sich Teppiche von Mittlerem Immergrün aus, die von Februar bis Mai mit
fünfstrahligen hellblauen Blüten übersät
sind. Dazu gesellt sich das auch bei uns
verbreitete Kriechende Fingerkraut, der
Italienische Aronstab, der Glöckchen-
lauch mit seinen hübschen rosa Blütentrauben, der Feigenartige Hahnenfuß und
der auf Wurzeln schmarotzende Honig-
duftende Rutenstrauch. Etwas später blühen die mit unserem Märzenbecher verwandte Sommerknotenblume (S. 60) und
der Keuschstrauch, dessen stark duftende

rosa Blütenkerzen gelegentlich auch in
Ziergärten zu sehen sind.
Die große Zahl der Kleinvogelarten macht
sich akustisch durch den vielstimmigen
Gesang besonders während des Fühjahrs
bemerkbar. Viele Stimmen sind uns aus
Mitteleuropa vertraut. Dem Chor gesellen
sich Sardengrasmücken sowie eine endemische Unterart des Sommergoldhähn-
chens hinzu. Das dichte Baumkronen-
dach ist aber auch bevorzugtes Jagdrevier
des Baummarders.

Im Gebiet unterwegs

Am besten erreicht man den Auwald von
Puigpunyent durch das Tal des Torrent
Sa Riera. Von Palma führt zunächst die
PM 104 in Richtung **Establiments**, kurz vor
der Ortseinfahrt ① muß aber links in Rich-
tung Puigpunyent abgebogen werden.
Hinter der Abzweigung nach **Calviá** ② ver-
läuft die Straße neben dem Bachbett des
Torrent Sa Riera, das von einem Galerie-
wald gesäumt wird, dem Auwald von
Puigpunyent.

Blick in die Umgebung

Oft bleibt noch genügend Zeit für ein weiteres Reiseziel, die Besteigung des 1026 m hohen **Galatzó**. Zum Ausgangspunkt der Tour gelangt man, wenn man die gleiche Straße weiter geradeaus fährt bis nach Puigpunyent und dann links abbiegt in Richtung **Galilea**. In der Ortsmitte führt eine rechte Nebenstraße durch Urbanisationen mit zahlreichen Nebenstraßen zum eigentlichen Wanderweg. Dort kann man den Wagen stehenlassen und den Aufstieg beginnen, der zunächst durch einen dichten Mischwald von Steineichen und Aleppokiefern führt. Farbpunkte und Steinpyramiden erleichtern die Orientierung, zumal sich der markante Felsgipfel mit zunehmender Höhe immer häufiger erblicken läßt. Oberhalb der Baumgrenze breiten sich ausgedehnte Geröllfelder mit dichten Dißgrasbeständen aus, und man begegnet hier einer Igelpolstervegetation wie beim Puig Massanella oder Son Moragues. Auf dem Weg zum Gipfel, der mit

Zun Verbreitungsgebiet des Mittelmeerlaubfrosches gehört der Auwald von Puigpunyent.

einigen Kletterpartien verbunden ist, liegt eine kleine Schutzhütte. Für den Abstieg kann man die gleiche Route wählen oder von der Hütte aus einen anderen Weg nach Estellencs benutzen. Etwa 2 1/2 Stunden müssen für die Besteigung des Galatzó gerechnet werden.

Der Glöckchenlauch beginnt schon im späten Winter an feuchten Standorten zu blühen.

3 Naturpark Son Moragues

Ältestes Naturschutzgebiet Mallorcas mit ausgedehnten Bergwäldern (größtenteils Steineichen) und Buschwald in den höheren Stufen; gut ausgebautes Netz von Wanderwegen; interessante Kulturgeschichte (Erzherzog Ludwig Salvator); historische Zeugen alter Waldnutzung.

Der 850 ha große Naturpark Son Moragues erstreckt sich über die Hochlagen der südwestlichen **Serra Tramuntana** zwischen dem berühmten Bergstädtchen Valldemossa im Südwesten und dem Künstlerdorf Deiá im Nordosten. Den nordwestlichen Abschluß bildet die Mittelmeerküste. Die Höhen bewegen sich zwischen 500 und 900 m (Es Puig Gros 900 m, Ses Fon-

tanelles 874 m) ohne allzugroße Extreme aufzuweisen. Trotzdem ergeben sich durch tief eingeschnittene Torrents an einigen Stellen erhebliche Steigungen. Eine topographische Begrenzung des Naturparks sind das Tal von Valldemossa im Süden, die Küstenhänge im Nordwesten und das Cairats-Tal im Südosten. Das Gestein besteht überwiegend aus Sedimenten des Jura und der Trias, als weite Teile des heutigen Mittelmeerraumes von der Tethys überflutet waren. Gelegentliche Funde von versteinerten Meereslebewesen (Ammoniten, Belemniten und Seeigel) sind Zeugen dieses Meeres. Während des Tertiärs begann sich dann der Meeresboden zu heben und zu falten. In den nachfolgenden Jahrmillionen gestalteten Niederschläge und zahlreiche Sturzbäche mit ihren Erosionskräften die heutige Berg-

landschaft, die ihren besonderen Reiz durch zahlreiche Schluchten, steile Fels-hänge und bizarr geformte Gipfel ge-winnt.

Kalkhaltiger Boden, geschützte Tallagen und ausreichende Niederschläge schaffen günstige Lebensbedingungen für **Steinei-chenwälder**, die in dieser Region ihre größ-te Ausdehnung auf Mallorca finden. Kreis-förmige Fundamente von Meilern erin-nern noch heute daran, daß Steineichen-holz zur Holzkohleherstellung verwendet wurde, die wiederum zur Kalkgewinnung diente, was an vielen Stellen zum Rück-gang der Wälder führte. Bei Wanderungen stößt man sowohl auf Meiler-Fundamente als auch auf Überreste alter Kalkbrenn-öfen. Das Ausgangsmaterial bildete das reichlich vorkommende Kalkgestein, das durch Brennen mit Holzkohle und an-schließendem Löschen mit Wasser in Löschkalk (Kalziumhydroxid) überführt wurde. 12–14 Tage dauerte das Anheizen eines Brennofens mit etwa 10 t Eichen-holz, um dann während der folgenden 3 Tage etwa 150 t zerkleinertes Kalkgestein zu brennen. Aus dem Löschkalk stellte man dann Mörtel her oder verwendete ihn zum Tünchen der Häuserwände.

Das Gebiet um Son Moragues steht in en-gem Zusammenhang mit der Persönlich-keit des österreichischen Erzherzogs Luis Salvador, der sich 1872 auf Mallorca nie-derließ und im Jahre 1883 seinen Grund-besitz durch Erwerb von Son Moragues vergrößerte. Er stellte diesen Teil seines Grundbesitzes unter Naturschutz und leg-te ein ausgedehntes Netz von Reit- und Wanderwegen entlang der alten Karren-wege an. Sein Verdienst liegt vor allem

◁ Das traditionsreiche Bergstädtchen Valldemossa am Fuße des Naturparkes Son Moragues.

Rosmarin – auch bei uns eine gefragte Gewürz- und Heil- ▷ pflanze.

Neapolitanische Zeitlose.

darin, daß er dieses Areal der Öffentlichkeit zugänglich machte. 1979 gelangte ein großer Teil von Son Moragues in den Besitz der spanischen Naturschutzbehörde ICONA, die seitdem für den Unterhalt und Ausbau der Wanderwege sorgt.

Pflanzen und Tiere

Entsprechend der unterschiedlichen Höhenlagen von 400 m bis zum benachbarten 1062 m hohen Es Teix trifft man recht unterschiedliche Vegetationszonen an. Das Kulturland in den unteren Regionen mit Olivenhainen, uralte Steineichenwälder sowie Hochlagen mit Strauch- und Igelpolstervegetation prägen die Berglandschaft. Während des Aufstiegs von Son Gual durchquert der Pfad zunächst einen Mischwald aus Aleppokiefern und Steineichen. Je höher man sich befindet, desto schöner werden die Ausblicke auf das Tal von Valldemossa mit der berühmten Kartause, in der Frédéric Chopin mit seiner Gefährtin George Sand den Winter 1838/39 verbrachte.

Auf dem etwa 700 m hohen Hochplateau führt der Wanderweg nun durch dichte Steineichenwälder. Die hohe Luftfeuchtigkeit läßt auf vielen Bäumen üppigen Flechtenbewuchs gedeihen. Im Schatten der Eichenwälder gibt es wenig Unterholz, das überwiegend aus nachwachsenden Exemplaren der gleichen Art besteht. Dort blühen im Frühjahr die unserer Herbstzeitlose verwandte Streifenblättrige Merendera, der Italienische Aronstab sowie der ebenfalls zu den Aronstabgewächsen gehörende Krummstab, der im Herbst sogar ein zweitesmal zur Blüte kommt. An den Schotterwegen begegnet man Rosmarin, Zistrosen, Stechwachol-

Zum Verbreitungsgebiet des Kolkraben gehören auch die Balearen.

Die nachtaktive Ginsterkatze bevorzugt die Bergwälder Mallorcas.

Erzherzog Ludwig Salvator von Habsburg-Toscana

Nicht zu Unrecht wird der österreichische Erzherzog (span.: Archiduque Luis Salvador) oft als Alexander v. Humboldt der Balearen bezeichnet. Beiden gemeinsam sind die großen Verdienste um die Landes- und Naturkunde der Balearen bzw. Südamerikas, wo sie sich jeweils über viele Jahre aufgehalten haben. Ein siebenbändiges Werk des Erzherzogs, ausgestattet mit prächtigen Illustrationen, faßt seine Forschungen, Kenntnisse und Erfahrungen über die Balearen zusammen. Noch heute bilden seine Publikationen eine wichtige Basis für naturkundliche Darstellungen dieser Inselgruppe.

Sein Lebensweg begann in Florenz, wo er 1847 als Sohn des Erzherzogs von Toscana geboren wurde. Während seiner Schulzeit in Wien und des Studiums der Rechts- und Naturwissenschaften an der Universität Prag zeigten sich bereits seine vielseitigen Interessensgebiete. 1867 führte sein Weg erstmals nach Mallorca, um sich dort vier Jahre später für längere Zeit aufzuhalten. Im Jahre 1872 kaufte er das Landgut Son Miramar bei Valldemossa und wählte damit Mallorca als ständigen Wohnsitz.

Kurz darauf erwarb er zusätzlich das benachbarte Anwesen von Son Moragues, das die Bergregion zwischen Valldemossa und der Nordküste einschließt, um einen Naturpark zu schaffen. Später vergrößerte er seinen Besitz durch Ankauf benachbarter Gebiete und legte Reitwege an, die heute als Wanderwege dienen. In den nachfolgenden Jahren gewann er noch die benachbarten Landgüter Son Gallart, Son Marroig und Son Fernandell hinzu.

In seinem späteren Hauptsitz Son Marroig schrieb er während der darauffolgenden Jahrzehnte sein umfangreichstes Werk mit dem Titel »Die Balearen in Wort und Bild«, das im Jahre 1884 in 7 Bänden erschien. Von Mallorca aus unternahm er außerdem mit seiner Segelyacht »Nixe« Reisen auf allen Weltmeeren, um seine naturkundlichen Studien fortzusetzen. Nach Beginn des 1. Weltkrieges mußte er Mallorca verlassen. 1915 starb er auf dem Schloß Brandeis in Böhmen und hinterließ ein Gesamtwerk von mehr als 60 Veröffentlichungen.

Erzherzog Ludwig Salvator von Habsburg – auch heute noch eine verehrte Persönlichkeit auf den Balearen.

Die Früchte des Dreibeerigen Zeilands erhalten im Herbst ihre rote Farbe.

derbüschen, niedrigwüchsigen Kermeseichen sowie Zeilandsträuchern mit auffällig dreiteiligen roten Spaltfrüchten
während der Herbstmonate.
Je weiter sich der Weg küstenwärts wendet, um so windexponierter sind die Standorte, die Wälder weichen einer Garrigue-
Vegetation aus niedrigwüchsigem Wacholder, Rosmarin, Balearen-Johanniskraut (S. 66) und Ölbaum-Kreuzdorn.
Interessant ist auch die Igelpolstervegetation, die sich haupsächlich aus Balearen-

Früchte des Erdbeerbaumes.

Tragant (S. 63) und Stechendem Gamander zusammensetzt. In unmittelbarer Nähe
des steil zum Meer abfallenden Hochplateaus gedeihen üppige Polster von Dißgras. Setzt man den Weg zum 1062 m hohen Es Teix fort, gesellen sich am Nordhang krüppelwüchsige Eiben hinzu, die
dem Berg den Namen gaben (in mallor-
quin »Teix« = Eibe). In den Felsregionen
sieht man häufig die Blaumerle.
Auf dem Rückweg durch das Cairats-Tal
durchquert man wieder Steineichenwälder (S. 74), in tieferen Lagen von Aleppokiefern durchmischt. Etwas fremd in der
Umgebung wirken die Pappeln im feuchten Umkreis der Quelle Font d´es Poll.
Die Tierwelt führt im Dickicht der Steineichenwälder größtenteils ein verborgenes
Dasein. In zahlreichen Arten kommen
Kleinvögel vor, die früher an bestimmten
Stellen mit Fangnetzen erbeutet wurden.
So erklingt im Frühjahr der vielstimmige
Gesang von Buchfinken, Nachtigallen,
Kohlmeisen, Grauschnäppern, Sommergoldhähnchen und Sardengrasmücken.
Neben verschiedenen Drosselarten wurden früher auch viele dieser Kleinvögel
Opfer des Vogelfangs, woran ein Fang-
platz beim Coll d´es Estret de Son Gallard
⑤ erinnert. Noch heute führen sternförmig
verlaufende Waldschneisen auf eine kleine Lichtung zu, auf der Vogelfänger ein
großes an zwei Stangen befestigtes Netz
benutzten. Sobald eine genügende Anzahl
von Vögeln angelockt war, ließ man das
Netz auf die Beute niederfallen. Leider
wird der Kleinvogelfang außerhalb der
Naturschutzgebiete auf den Balearen immer noch ausgeübt.
Zu den größeren Brutvogelarten zählen
der Kolkrabe und das Rothuhn. Auch
Wanderfalken kommen im Gebiet vor,
und mit etwas Glück kann man hoch in
den Lüften Mönchsgeier (s. S. 64) kreisen
sehen. Diese seltene und streng geschützte Geierart besitzt eine Spannweite bis
2,70 m und brütet an den Küstenhängen
des Puig Roig im Nordosten Mallorcas.

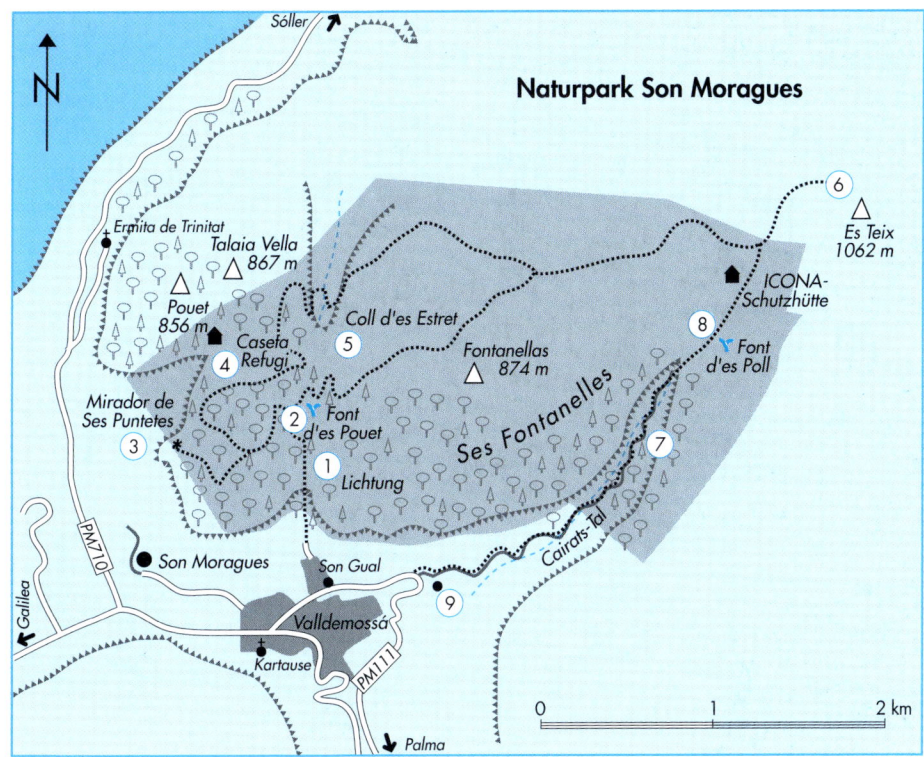

Naturpark Son Moragues

Säugetiere sind nur mit wenigen Arten verbreitet. Am ehensten bekommt man Baummarder und Wildkaninchen zu Gesicht, wesentlich seltener die scheue und nachtaktive Ginsterkatze mit ihrem dunkel gestreiften Fell.

Im Gebiet unterwegs

Ausgangsort für den Besuch des Naturparks Son Moragues ist das alte Bergstädtchen **Valldemossa**, das man von Palma über die PM 111 nach etwa 17 km Autofahrt erreicht. Außerdem verkehren täglich mehrere Busse zwischen beiden Orten. Zum Naturpark gibt es nur zwei Zugänge, und zwar von Valldemossa über **Son Gual**, ein altes Gebäude mit Wehrturm, oder über die rechts von Son Gual

sich fortsetzende Calle Lluis Vives, die in das Cairatstal führt. Setzt man den Weg von Son Gual über die Straße Almendros weiter geradeaus fort, sind es nur noch etwa 300 m bis zum Hinweisschild zum Naturpark, wo eine steil aufsteigende, serpentinenreiche Piste beginnt. Oben auf einer Lichtung angelangt ①, empfiehlt es sich, den Weg über **Font d`es Pouet** ② fortzusetzen, um zum **Mirador de Ses Puntetes** ③ zu gelangen. Von dem knapp 700 m hohen Aussichtspunkt bietet sich ein herrlicher Rundblick über das nördliche Tal von Valldemossa. Unterwegs trifft man noch auf Reste alter Back- und Kalköfen. Eine weitere Rast bietet sich bei der inzwischen zerstörten Schutzhütte **Caseta Refugi** ④. Über das schluchtartige Tal des **Coll d`es Estret de Son Gallard** ⑤, wo sich ein alter Vogelfangplatz befindet (Caza a Coll), er-

Die Steineiche (auf dem kleinen Foto die Früchte) ist die einzige bestandsbildende Laubbaumart auf den Balearen.

reicht man die Hochebene des **Pla dets Aritges**.
Mittlerweile auf dem alten Reitweg des Erzherzogs angelangt, führt die Route vorrübergehend aus dem Naturpark hinaus zum 1 062 m hohen **Es Teix** ⑥, zu dessen Gipfel rechts eine schmale Piste abzweigt. Von dort führt die gleiche Route zurück in den Naturpark, von wo man den Rückweg entlang einer Schotterpiste durch das **Cairats-Tal** ⑦ wählt. Eine Rast lohnt sich bei der ICONA-Schutzhütte und etwas später beim **Font d`es Poll** ⑧, einer von hohen Pappeln umgebenen Quelle mit Rastplatz. Am Ende des Cairats-Tals mündet die Piste bei der **Finca Sa Coma** ⑨ auf die Chaussee nach Palma.

Praktische Tips

Unterkunft
In Valldemossa bieten sich in Hotels und Pensionen genügend Übernachtungsmöglichkeiten, sofern nicht Feriensaison ist.

Blick in die Umgebung

Die Wanderung sollte man mit einem Rundgang durch die idyllische Altstadt von **Valldemossa** sowie einem Besuch der **Kartause** kombinieren. Dort befinden sich in den Räumen des alten Klosters das Chopin-Museum sowie ein Heimatmuseum mit einer interessanten Abteilung, die dem Erzherzog Ludwig Salvator gewidmet ist.

4 Castell d´Alaró

Teil des zusammenhängenden Berg-waldgebietes der Serra Tramuntana mit dichten Steineichen- und Aleppo-kiefernbeständen; Höhenunterschie-de mit unterschiedlichen Vegetations-zonen vom Kulturland in den Niede-rungen bis zu den Gebirgsgarriguen.

Das 725 ha große Landschaftsschutzge-biet, dessen Mittelpunkt die namengeben-de alte Festungsanlage ist, vereinigt eine der großartigsten Naturlandschaften Mal-lorcas mit einer der bedeutendsten histori-schen Stätten der Insel. Die beiden mar-kanten, fast spiegelbildlich wirkenden Felsgipfel des 825 m hohen **Puig de Alaró** und des nur 9 m niedrigeren **Puig Souca-de**na zeugen von einer turbulenten erd-geschichtlichen Entstehung. Die Felsen bestehen größtenteils aus Kalk- und Sand-steinsedimenten der Trias und des Jura, die während des Tertiärs mehreren Faltun-gen ausgesetzt waren, wie an einigen Stel-len Verwerfungen der Schichtungen sicht-bar machen. Andererseits scheinen die

abgeflachten Bergkuppen immer noch auf Überreste eines gehobenen Meeresgrun-des hinzudeuten.
Fortwährende Erosionskräfte ließen den **Torrent de Sollerich** entstehen, der nun bei-de Felsklötze voneinander trennt. Durch Auswaschungen bildeten sich zahlreiche Höhlen wie beispielsweise die **Cova de Sant Antoní** am Südende des Puig de Alaró. An den wetterseitigen Steilhängen hat sich das Gestein durch ausgelaugte Eisen- und Manganverbindungen in Rost-tönen verfärbt. Mehrere Überflutungen während des Quartärs hinterließen auf der vorgelagerten Ebene Es Pla fruchtbare Schwemmböden, die nach wie vor land-wirtschaftlich genutzt werden. Von Inter-esse ist auch ein tertiäres Braunkohleflöz, das sich von Selva bis nach Binisalem er-streckt und bis vor einigen Jahren zur Be-heizung des Wärmekraftwerkes El Mur-terar bei Alcúdia abgebaut wurde.
Der Aufstieg zum 825 m hohen **Puig de Alaró** zeigt ein abwechslungsreiches Bild unterschiedlicher Biotope von landwirt-schaftlichen Nutzflächen in den Niede-

Der Puig de Alaró (links) und Puig Soucadena sind markante Wahrzeichen des Landschaftsschutzgebietes.

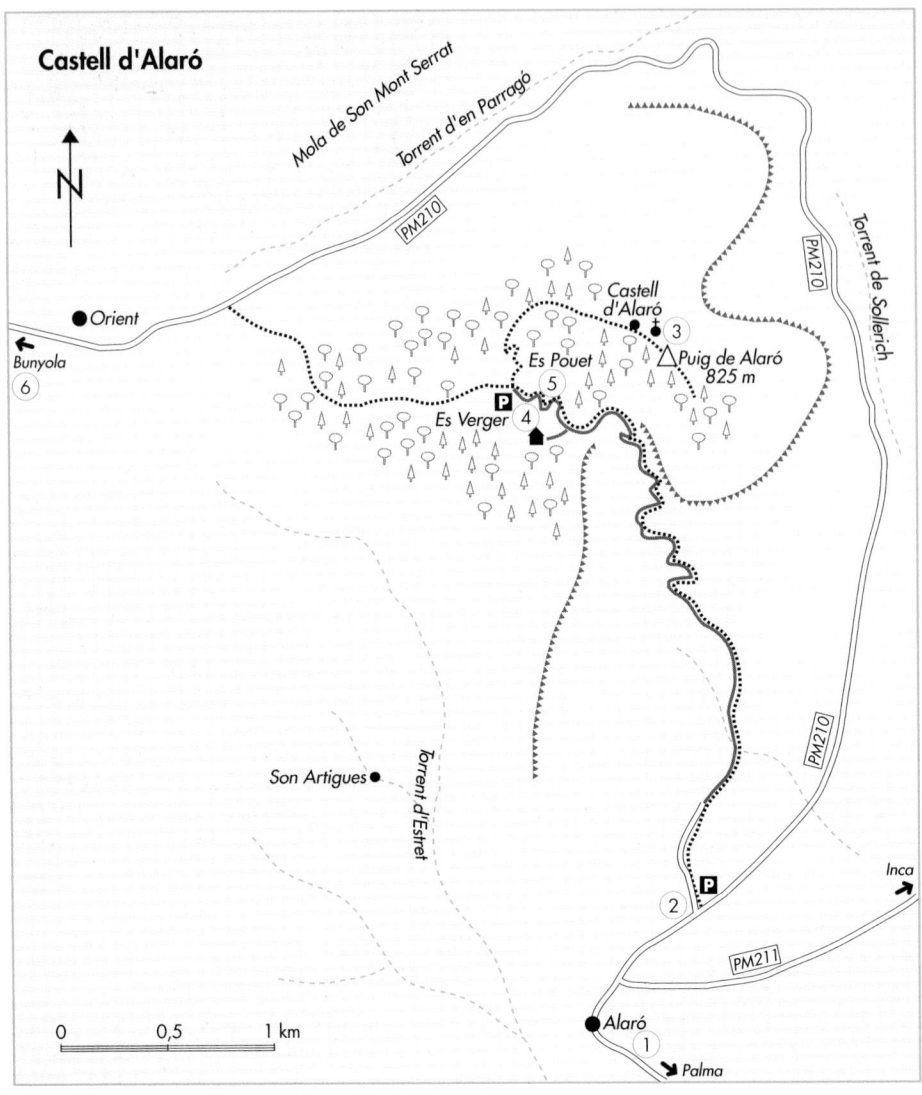

Castell d'Aló

N

● Orient

← Bunyola
⑥

Mola de Son Mont Serrat

Torrent d'en Parrago

PM210

PM210

Torrent de Sollerich

Castell
d'Aló
③

Es Pouet

△Puig de Aló
825 m

⑤

P
Es Verger ④

Son Artigues ●

Torrent d'Estret

PM210

P
②

Inca
→

PM211

0   0,5   1 km

● Aló
①

→ Palma

---

rungen bis zu geschlossenen Wäldern in
den Bergregionen. Während die niederschlagsarmen Südhänge überwiegend von
Aleppokiefern bewaldet sind, nehmen die
Steineichenbestände zur regenreicheren
Kammregion der Serra Tramuntana zu. An
den unbewaldeten Steilhängen hat sich
eine interessante Gebirgsgarrigue angesiedelt.

Pflanzen und Tiere

Die unterschiedlichen Lebensräume lassen auch hier eine abwechslungsreiche
Flora erwarten. In den landwirtschaftlich
genutzten Niederungen breiten sich vor
allem Mandel- und Olivenplantagen aus,
durchmischt von Feigen- und Johannisbrotbäumen. Da die Böden nur wenig be-

arbeitet werden, hat sich eine artenreiche Gemeinschaft von pflanzlichen Kulturfolgern angesiedelt. Im Frühjahr und nach den ersten herbstlichen Regenfällen breitet sich an vielen Stellen ein farbenprächtiger Blütenteppich aus, auf dem die uns vertrauten Kronen-Wucherblumen, der margeritenähnliche Keulen-Bertram und die Acker-Ringelblume mit ihren gelben Strahlenblüten dominieren. Die Farbpalette wird noch bunter durch blau-lila Blütenköpfe von Wildartischocken, Mariendisteln und zartrosa Blütenständen des Kleifrüchtigen Affodills. Etwas versteckt am Boden kann man oft auch die gestreiften Blüten des Krummstabs (S. 39) entdecken, dessen Hochblatt auf die Zugehörigkeit zu den Aronstabgewächsen hinweist; es ist an der Basis zu einer Röhre verwachsen.

Die Felsenschwalbe baut ihre tassenförmigen Nester vorzugsweise unter Felsüberhängen.

An den schattenlosen Wegrändern begegnet man einerseits aus Mitteleuropa bekannten Wildblumen wie Wegwarte, Wegerichblättriger Natternkopf und Großblütige Königskerze; daneben wachsen mediterrane Arten wie Gewelltblättrige Königskerze (S. 101) mit ihren zierlicheren Blütenständen und das unserem Rainfarn ähnliche Weißfilzige Greiskraut. Gelegentlich ist auch das Gewöhnliche Meerträubel anzutreffen, dessen verzweigte Stengel dem Schachtelhalm ähneln. Zur Verringerung der Verdunstungsoberfläche (s. S. 130) haben sich die Blätter zu Schuppen reduziert, und die chlorophyllhaltigen Stengel übernehmen die Photosynthese. Die Meerträubelgewächse gehören zur Gruppe der Nacktsamer (Gymnospermae) und stehen damit in verwandtschaftlicher Beziehung zu den Nadelgehölzen.

Die Olivenplantagen erstrecken sich als kunstvoll angelegte Terrassenkulturen bis in die höheren Hangregionen. Sicherlich bedurfte es vieler Generationen, um unter

Der scheue Mauergecko bevorzugt als Unterschlupf Steinwälle und Ruinen.

Die farbenprächtigen Blüten der Mariendistel entfalten sich während der sommerlichen Trockenzeit.

mühevoller Arbeit diese Hangterrassen anzulegen. Viele der knorrigen Bäume blicken schon auf ein mehrhundertjähriges Alter zurück. Eingestreut in den Plantagen sind kleine Gehölze von Aleppokiefern, begleitet von Mastixsträuchern, Kermeseichen, Schmalblättrigen Steinlinden, mehreren Zistrosenarten und Kretischen Skabiosen. Etwa ab 600 m breitet sich ein Mischwald von Steineichen und Aleppokiefern aus.

Auf den regenreicheren Gipfelregionen und an den Nordhängen entlang des Torrent d´en Parragó erstrecken sich reine Steineichenwälder mit Erdbeerbäumen, Ulmenblättrigen Brombeeren, Kermeseichen und Baumheide im Unterholz. Dort kann man auch gelegentlich den Scharfen Rittersporn mit seinen halbmeterhohen Blütenkerzen antreffen, die unserem Gartenrittersporn recht ähnlich sind. Wenn auch schwer zugänglich, sind einige endemische Arten erwähnenswert, wie der Balearen-Hufeisenklee und die zu den Korbblütlern gehörende Pippau-Art *Crepis triasii*, die im Schutz der steilen Felswände gedeihen.

Wie nicht anders zu erwarten, ist auch hier die Tierwelt durch zahlreiche Vogelarten vertreten. In der Nähe von Siedlungen, in den Oliven- und Mandelbaumhainen begegnet man verschiedenen Kleinvogelarten, von denen uns viele vertraut sind wie Grünlinge, Girlitze, Buchfinken, Nachtigallen und Kohlmeisen. Die vielen Disteln auf den Brachflächen ziehen Stieglitze an. Mit etwas Geduld lassen sich dort auch Wiedehopfe, Rothühner und Rotkopfwürger beobachten.

Im Busch- und Kiefernwald halten sich Amsel, Zaunkönig, Rotkehlchen und Samtkopfgrasmücke auf. Gelegentlich lassen sich auch Fichtenkreuzschnäbel

Wegerichblättriger Natternkopf.

Der Wiedehopf – auf den Balearen häufig anzutreffen.

Die Myrte gehört zu den Wildpflanzen der Balearen und wird gern als Brautschmuck verwendet.

Die Kronen-Wucherblume – auf den Balearen wild wachsend, bei uns eine beliebte Gartenblume.

Die beerenartigen Samen des Meerträubels sitzen an schachtelhalmähnlichen Zweigen.

Die Olive, eine alte Kulturpflanze

Kaum eine andere Kulturpflanze prägt das Landschaftsbild der Balearen wie der Olivenbaum (span.: Olivo; mallorquinisch: Olivera). Seit mehr als 3000 Jahre wird er im Mittelmeerraum kultiviert und gilt als Symbol für Frieden und Beständigkeit. Auf den Balearen läßt sich sein Anbau bis in die Römerzeit zurückverfolgen. Hervorgegangen ist der Olivenbaum aus der Wildform *Olea europaea* var. *oleaster*, die auch heute noch häufig in Macchien anzutreffen ist (s. auch S. 96). Diese Form muß nach wie vor als Unterlage für Veredelungen dienen, und manchmal sieht man daher Wildtriebe aus den Stammbasen sprießen. Olivenbäume können sehr alt werden, manche über 1000 Jahre. Das bizarre Aussehen vieler Bäume ist aber nicht nur die Folge eines hohen Alters, sondern einer Infektion durch einen *Polyporus*-Pilz, der im Holz älterer Exemplare parasitiert und für den Krüppelwuchs verantwortlich ist. Der Anbau ist oft mit großem Aufwand verbunden, weil Olivenbäume trockene und kalkhaltige Böden der Berghänge bevorzugen. Dies machte den Bau von ausgedehnten Terrassenkulturen notwendig, die auf Mallorca besonders eindrucksvoll in den Regionen von Esporles, Valldemossa und Estellencs anzutreffen sind.

Olivenhaine gehören zum Landschaftsbild der Balearen.

blicken, besonders im Winter. Mönchs-grasmücke und Singdrossel sind eher in Steineichenwäldern anzutreffen.
In der oberen Felsregion im Bereich des Castells begünstigt der freie Blick Vogel-beobachtungen. Beeindruckend ist der schnelle Flug vorübergleitender Alpenseg-ler und Felsenschwalben. Bei den Greif-vögeln hat man gute Chancen Sperber und Turmfalken zu beobachten, seltener dagegen Mönchsgeier und Zwergadler. Während des Frühjahrs machen Seefrö-sche und Mittelmeerlaubfrösche den Sing-vögeln akustische Konkurrenz. Erstere hal-ten sich gern in den zahlreichen offenen Zisternen auf, um sich von Wasserinsek-ten zu ernähren. Von den Kriechtieren be-gegnet man am häufigsten den scheuen Mauer- und Balearen-Eidechsen, die aber schon bei geringen Erschütterungen mit raschelndem Geräusch in ihre Verstecke verschwinden. Mit etwas Glück und Ge-duld lassen sich auch tagsüber Geckos be-obachten, meist beim Sonnenbad an den zahlreichen Tanca-Mauern.
Die ausgedehnten Steineichenwälder ge-hören zum Jagdrevier der seltenen Gin-sterkatze (S. 46). Fallen auf einigen Berg-höfen deuten darauf hin, daß immer noch dieser geschützten Art illegal nachgestellt wird.

Im Gebiet unterwegs

Der Aufstieg zum **Castell d´Alaró** gehört zu den klassischen Wandertouren auf Mallor-ca, und dies nicht nur wegen des histori-schen Ausflugsziels. Es ist vor allem die schöne Kultur- und Naturlandschaft, die den Wanderer anlockt. Darüber hinaus existiert ein ausgedehntes Netz von Pfaden, das auch Anschlußwanderungen ermöglicht.
Für Autofahrer kommt eher die klassische Wanderroute von Alaró mit Rückkehr auf dem gleichen Weg in Frage. Den Aus-gangspunkt erreicht man von Palma über die PM 713 bis nach Santa María, und dann weiter auf der PM 202-1 nach **Alaró** ①. Dort folgt man dann einer schmalen Landstraße, die nach **Sollerich** führt, bis nach etwa 1 km eine schmale Asphalt-straße links zum Castell abbiegt ② und bald in einen Schotterweg übergeht. Zu-nächst durchquert die Wanderroute altes Kulturland mit Mandel- und Olivenplanta-gen. Allmählich windet sich der Weg in Serpentinen immer steiler aufwärts mit schönen Ausblicken auf die steile West-wand des Burgfelsens.
Oben auf dem Plateau ③ befinden sich noch verstreut einige Ruinenreste der Fe-stung, die schon vor der christlichen Wie-dereroberung im Jahre 1230 von den Ara-bern errichtet wurde. Das junge mallor-quinische Königreich währte jedoch nur bis 1349, als das Castell d´Alaró als letzte Bastion den aragonesischen Eroberern zum Opfer fiel. Danach verfiel die Festung, bis im Jahre 1622 die Wallfahrtskapelle Nostra Senyora del Refugi anläßlich einer Bittprozession gebaut wurde, die nach einer langen Dürreperiode den erhofften Regen brachte.
Das Gipfelplateau ist größtenteils mit Steineichen bewaldet. Auf dem Weg zur Kapelle befindet sich ein Restaurant mit mächtigen Zürgelbäumen auf dem Vor-platz. Von dort sind es nur wenige Schritte bis zum Osthang, von dem man das tief-eingeschnittene Tal des Torrent de Solle-rich unter sich erblickt und gegenüber den Puig Soucadena als Pendant zum diessei-tigen Burgfelsen.
Wählt man den gleichen Weg zurück zum Ausgangspunkt, lohnt eine Einkehr bei der Finca **Es Verger** ④, wo rustikale mallorqui-nische Küche serviert wird. Ansonsten wird vom Parkplatz **Es Pouet** ⑤ der Abstieg über den Westhang hinab nach **Orient** durch dichte Steineichenwälder gewählt. Dort muß die Entscheidung getroffen wer-den, ob es mit dem Taxi zurückgeht oder weitere 10 km Wanderstrecke bis nach **Bunyola** ⑥ zur Bahnstation.

5 Torrent de Pareis

Gewaltige, etwa 6 km lange cañon-artige Erosionsschlucht, eingebettet zwischen den Bergen der Serra Tramuntana, die sich in der Bucht von Sa Calobra zum Meer hin öffnet; Flora und Fauna weitgehend durch Unzugänglichkeit geschützt; gute Beobachtungsmöglichkeiten für Greifvögel.

Die Schlucht des Torrent de Pareis gehört mit ihrer umgebenden Bergwelt zu den eindruckvollsten Landschaften Mallorcas. Sie bildet die Fortsetzung der Torrents de Albarca und Gorg Blau und öffnet sich zum Meer bei Sa Calobra. Im Torrent de Pareis vereinigen sich zahlreiche Zuflüsse wie die des Vall de Lluc, Puig d´en Galileu, Puig Roig und Mola de Son Macip. Der Torrent de Pareis gilt neben der Samariá-Schlucht auf Kreta als die zweitgrößte

Erosionsschlucht im Mittelmeerraum. Es müssen schon gewaltige Kräfte mitgewirkt haben, um diesen durchschnittlich 200 m tiefen Cañon entstehen zu lassen. Solche Kräfte werden von Wassermassen entfaltet, die nach wolkenbruchartigen Regenfällen ihren Weg zum Meer suchen. Infolge des starken Gefälles gräbt sich das Wasser seinen Weg immer tiefer durch das poröse Kalkgestein, und so ist die Entstehung des Torrent de Pareis keineswegs abgeschlossen. Die himmelwärts strebenden, teilweise 400 m hohen Felswände sind von Höhlen (Cueva del Romagueral) und Spalten durchsetzt, ein Hinweis dar-

Der Torrent de Pareis ist die zweitgrößte Erosionsschlucht im Mittelmeerraum.

auf, daß auch Sickerwässer an der Erosion mitwirken und zu diesen interessanten Verkarstungserscheinungen führen. Bei dem Gestein handelt es sich überwiegend um Kalksedimente des Erdmittelalters zwischen der Trias und Kreide, an manchen Stellen treten noch Ablagerungen von Buntsandstein hinzu. Während des Tertiärs geriet die Schichtstruktur durch wiederholte Faltungen in Unordnung, was sich an Verwerfungen gut erkennen läßt.

Pflanzen und Tiere

Der bis zu 400 m tiefe Torrent de Pareis zeigt eine klare vertikale Gliederung der einzelnen Lebensräume, die man am besten beim Abstieg von Escorca kennen-

Die Nordküste Mallorcas ist reich an Felsbuchten, im Hintergrund der Morro de Sa Vaca.

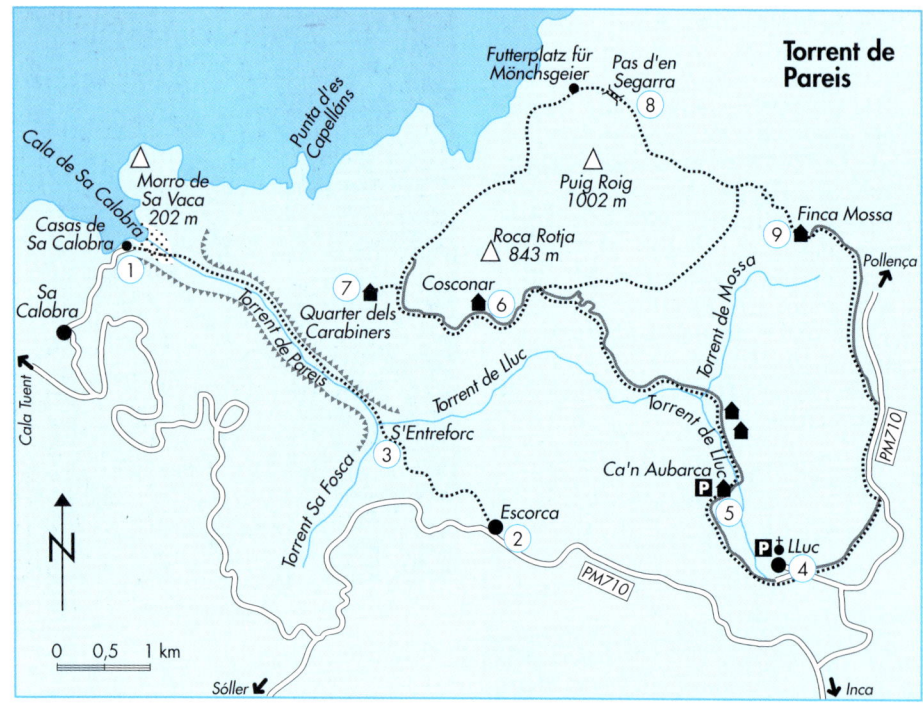

Torrent de Pareis

Futterplatz für Mönchsgeier

Pas d'en Segarra

8

Cala de Sa Calobra

Punta d'es Capellans

Morro de Sa Vaca 202 m

Puig Roig 1002 m

Roca Rotja 843 m

Finca Mossa

9

Pollença

Casas de Sa Calobra

1

Sa Calobra

7

Quarter dels Carabiners

Cosconar

6

Torrent de Pareis

Torrent de Lluc

Torrent de Mossa

Torrent de Lluc

Cala Tuent

Torrent Sa Fosca

S'Entreforc

3

Ca'n Aubarca

P

5

PM710

N

Escorca

2

P LLuc

4

PM710

0   0,5   1 km

Sóller

Inca

lernt. Oberhalb der Schlucht breitet sich an den Berghängen und Hochplateaus eine Garrigue der Hochregionen mit Wildoliven, Mastixsträuchern, Stechwacholder, Kermeseichen und der endemischen Kreuzdornart *Rhamnus ludovici salvatorius* aus. Die Krautvegetation wird von Balearen-Johanniskraut, Stechwinde, Wildem Pastinak und Polei-Gamander gebildet, um nur einige der wichtigsten Arten zu nennen. Im Windschatten der oberen Felswände gesellen sich Baumheide, Dißgras, Myrte, Gewöhnliches Meerträubel sowie das endemische Balearen-Alpenveilchen hinzu. Interessant wird die Flora auf dem schattigen Grund der Schlucht, in dem zur Mündung hin große Schotterwälle aufgespült wurden. Zwischen dichtem Gras blüht dort bis in den Frühsommer hinein die unserem Märzenbecher nah verwandte Sommerknotenblume und später der Keusch-

strauch mit seinen rosa Blütenkerzen. Ein Refugium für seltene Arten bildet der rechts der Mündung vorgelagerte Felsen Morro de Sa Vaca. Vielfach handelt es sich dabei um Endemiten wie den Balearen-Buchsbaum, die Kretische Skabiose mit einer regionalen Unterart, den Balearenkohl und die ebenfalls endemische Immortellenart *Helichrysum ambiguum*, eine unserem Katzenpfötchen nah verwandte Art.

Außergewöhlich ist auch die Tierwelt! König der Lüfte ist zweifelsohne der Mönchsgeier. Zu seinem Aktionsgebiet zählt auch die gewaltige Schlucht, über der er im eleganten Segel- und Gleitflug nach abgestürzten Ziegen Ausschau hält. Auch Fischadler vom benachbarten Cúber-Stausee fliegen ab und zu über die Schlucht. Man kann sie durch ihre geringere Spannweite und gestreifte Flügelunterseiten leicht vom fast durchgehend schwarz gefärbten

Die Sommerknotenblume ist mit unserem Märzenbecher eng verwandt.

Mönchsgeier unterscheiden. In den unzugänglichen Felswänden der Schlucht brüten gleich 3 Falkenarten. Am häufigsten sieht man das ganze Jahr über Turmfalken; Eleonorenfalken sind nur im Sommer zu beobachten. Wanderfalken sind wahre Flugakrobaten, wenn sie in kurzem Sturzflug für wenige Sekunden Spitzengeschwindigkeiten von vielleicht über 150 km/h erreichen. Ihr Hauptbeutetier, die Felsentaube, brütet ebenfalls in den Felswänden.

Unter den Kleinvögeln ist vor allem die Blaumerle (S.110) bemerkenswert. Einige auch in Mitteleuropa brütende Arten wie Kohlmeise, Blaumeise, Buchfink, Nachtigall (S.71) und Zaunkönig trifft man regelmäßig. Zu den Wintergästen zählen Waldschnepfe, Sing- und Rotdrossel.

Unter einem überhängenden Fels die verlassenen Hofgebäude von Cosconar.

Der lange Schwanz des Eleonorenfalken ist ein gutes Unterscheidungsmerkmal gegenüber Baum- und Wanderfalken.

Im Gebiet unterwegs

Mit dem Wagen fährt man von Sóller die PM 710 über Escorca bis Kilometerstein 25 ②, wo man das Auto auf einem Parkplatz stehenlassen kann. Wählt man die leichtere Alternative von der Cala de Sa Calobra aus, bleibt die Anfahrt bis zur Abzweigung Gorg Blau unverändert, um dort links nach Sa Calobra abzubiegen. In den Sommermonaten verkehrt täglich mehrmals ein Schiff zwischen Port de Sóller und Sa Calobra.

Für den Einstieg in den Torrent de Pareis bieten sich zwei Möglichkeiten: Die erste für weniger geübte Bergwanderer von **Casas de Sa Calobra** ① durch die Mündung, die zweite von **Escorca** ② über den Abstieg **S'Entreforc** ③, wo sich die Torrentes Sa Fosca und Lluc zum Torrent de Pareis vereinigen. Diese Alternative ist wirklich nur für erfahrene und vor allem schwindelfreie, trittsichere Bergwanderer zu empfehlen. Als günstigste Zeit wählt man die niederschlagsarmen Monate Mai bis September, weil bei plötzlichen Regenfällen dieses Vorhaben zu einem unkalkulierbaren Risiko werden kann. Der Einstieg erfolgt über den **Torrent de Lluc** und dauert 1–1 1/2 Stunden. Unten in der Schlucht angelangt, bietet sich ein phantastischer Bick nach oben, vorbei an den aufwärts strebenden Felswänden, zwischen denen der Himmel nur als schmaler Schlitz wahrzunehmen ist. Je nach Kondition dauert der Durchstieg bis zur Mündung bei Casas de Sa Calobra ① 2–4 Stunden. In umgekehrter Richtung wählt man den Weg von **Sa Calobra**. Schon die Abfahrt entlang der serpentinenreichen Strecke ist

Für Beobachtungen des seltenen Eleonorenfalken bieten sich gute Chancen.

Blick auf den Puig Mayor, mit 1445 m der höchste Berg Mallorcas.

In windigen Höhenlagen verwandelt sich die Stechwinde in flache Polster.

Auch der Balearen-Tragant bildet in den höheren Bergregionen dornige Polster.

Der Mönchsgeier

Kaum eine andere Geierart hat während der letzten Jahre in Südeuropa die Aufmerksamkeit so auf sich gezogen wie der Mönchsgeier *(Aegypus monachus)*. Der Grund ist die starke Bedrohung dieser eindrucksvollen Geierart durch den Menschen. Immer mehr schrumpft ihr Lebensraum durch neue Urbanisationen und Straßenbauten, die den Bestand auf wenige Refugien zurückdrängen.

Dies mag ein Beispiel belegen: Als vor einigen Jahren auf Mallorca bei Puigpunyent ein Weg für den Autoverkehr erschlossen wurde, der durch eines der letzten Brutgebiete führte, verschwanden die Mönchsgeier. Sie nisten heute nur noch in den unzugänglichen Steilhängen an der Nordküste Mallorcas. Seitdem schätzt man den Bestand nur noch auf 20 bis 50 Vögel. Mittlerweile wird von der ICONA ein Forschungsprogramm zum Schutz dieser seltenen Geierart durchgeführt. Für genauere Beobachtungen wurde ein Futterplatz am Nordhang des Puig Roig eingerichtet.

Der Mönchsgeier hat eine Körpergröße von 105 cm und eine Spannweite von 270 cm. Namensgebend ist sein fast schwarzes Gefieder einschließlich der Halskrause. Wie seine Verwandten beherrscht auch er den Segelflug in höchster Vollendung. Ein besonders schöner Anblick sind die Flugspiele der Paare während der Balzperiode zwischen November und Januar. Seinen Brutplatz wählt er auf Bäumen, aber auch in Felsen, wie auf Mallorca. Er baut gewaltige Nester mit einem Durchmesser von 1,5 m, oft sind es zwei, die Jahr für Jahr umschichtig besetzt werden. Mitte Februar bis Anfang März wird nur ein Ei mit einem Gewicht von 250g gelegt, aus dem nach 52- bis 54-tägiger Brutzeit das Küken schlüpft. Etwa 4 Monate dauert die Aufzucht, bis der Jungvogel die Größe der Eltern erreicht hat und flügge wird. Das Gefieder ist zunächst schwarzbraun, und der Kopf trägt hellen Flaum, der bei adulten Tieren allmählich dunkler wird. Wie fast alle ihre Verwandten ernähren sich auch Mönchsgeier überwiegend von verendeten Tieren.

Der fast ebenso große **Gänsegeier** *(Gyps fulvus)* zeigt sich als durchreisender Gast noch seltener auf den Balearen als der Mönchsgeier. Der wesentlich kleinere **Schmutzgeier** *(Neophron percnopterus)* ist häufiger auf Menorca zu sehen als auf den übrigen Inseln.

ein unvergeßliches Erlebnis, besonders
der »Krawattenknoten«, der nach einer
Kehre von 270 Grad über die gleiche
Straße hinwegführt. Auf beiden Seiten
wird die Strecke von bizarren Felsformationen begleitet, wie beispielsweise die
isoliert stehende Felsnadel **Penyal Bernat**
und die unmittelbar folgende einspurige
Durchfahrt zwischen zwei hohen Felswänden.

In Casas de Sa Calobra ①, eine kleine Ansammlung von Restaurants und Souvenir-
läden, läßt man den Wagen stehen und
wandert zunächst auf einem schmalen As-
phaltweg durch zwei Tunnel mit interessanten Tropfsteinbildungen, um in die **Cala
de Sa Calobra** zu gelangen. Dort öffnet sich
unmittelbar die Felsbucht mit kleinem Ba-
destrand und zur rechten die cañonartige
Schlucht des Torrent de Pareis. Den Einstieg sollte man nur etwa 1 km weit hinein
bis zur großen Felsbarriere wagen. Aber
auch auf diesem kurzen Abschnitt lassen
sich bereits Eindrücke von der grandiosen
Schlucht gewinnen. In den zahlreichen
Tümpeln zwischen den Kiesbänken halten
sich Seefrösche auf, und an den feuchten
Ufersäumen blühen bis in den Juni hinein
Sommerknotenblumen. Abschließend lädt
ein kleiner Kiesstrand in der Cala de Sa
Calobra zu einem erfrischenden Bad ein.

Der Mönchsgeier beherrscht den Gleitflug in höchster Vollendung.

Praktische Tips

Die Tour durch den Torrent de Pareis will
gut vorbereitet sein, besonders was die
Ausrüstung anbetrifft. Dazu gehören vor
allem Bergstiefel, wetterfeste Bekleidung,
Lampe und Proviant für eine Tagestour.
Die Wanderung sollte nur in Gruppen mit
erfahrenen Bergführern durchgeführt werden.

Blick in die Umgebung

Nur wenige Kilometer nordöstlich des Torrent de Pareis befindet sich ein weiteres
reizvolles Wandergebiet, dessen Zentrum
der 1002 m hohe **Puig Roig** bildet. Als Ausgangspunkt wird am besten das **Kloster
Lluc** ④ gewählt, wenn man als Zubringer
auf den Bus angewiesen ist. Sonst fährt
man mit dem Wagen weiter bis kurz vor
das prächtige Landgut **Ca´n Aubarca** ⑤ und
beginnt dort die Wanderung entlang eines
alten Fahrweges.

Der erste Abschnitt führt durch die schöne
Kulturlandschaft entlang des **Torrent de
Lluc**, der sich weiter westlich mit dem Torrent de Pareis vereinigt. Oliven- und Mandelbaumplantagen sowie Schafweiden
breiten sich im Tal aus, die im Besitz der
beiden Fincas Ca´n Pontico und Son
Llobera sind. Anschließend führt die Wanderung zu der inzwischen verlassenen
Finca Cosconar ⑥ mit ihren interessanten
Wohn- und Hofgebäuden unter einer
überhängenden Felskante am Fuße des
843 m hohen **Roca Rotja**. Allmählich
weicht die Kulturlandschaft einer Gar-

Gleich hinter der Cala Sa Calobra öffnet sich die gewaltige Schlucht des Torrent de Pareis.

Das endemische Balearen-Johanniskraut bevorzugt trockene Standorte.

rigue-Landschaft mit dichtem Dißgras und einzeln stehenden Aleppokiefern.

Das nächste interessante Wanderziel ist das **Quarter dels Carabiners** ⑦, die Ruine einer Polizeikaserne. Bis vor etwa 30 Jahren war dort ein Polizei-Bataillon der

Der Wanderfalke wählt als Jagdrevier gern felsiges Gelände.

Guardia Civil einquartiert, um mit mehr oder weniger großem Erfolg den blühenden Schmuggel zu unterbinden. Anschließend führt die Wanderung entlang der Nordwestflanke des Puig Roig mit grandiosen Ausblicken auf das Meer. Dort und auf dem nachfolgenden Routenabschnitt begegnet man einer interessanten Igelpolstervegetation von Stechendem Gamander, Balearen-Tragant und Stechwinden. Kurz vor dem **Pas d´en Segarra** ⑧ wurde vor einigen Jahren von der ICONA-Naturschutzbehörde ein Futterplatz für Mönchsgeier angelegt.

Nun muß entschieden werden, ob auf dem gleichen Weg zurückgekehrt oder die Wanderung über das Privatgelände der **Finca Mossa** ⑨ fortgesetzt wird, wo die Durchquerung allerdings verweigert werden kann. Für die etwa 20 km Rundwanderung bis zum Ausgangspunkt sollte man mit etwa 6–7 Stunden rechnen.

6 Puig Massanella

Bis auf einige Lichtungen und Berge über 1000 m dicht bewaldet mit Steineichen und Aleppokiefern; große Artenvielfalt an Pflanzen durch höhenbedingte Zonierungen; interessante Reste früherer Waldkultur (Meiler, Kalkbrennöfen, Schneehäuser).

Leider ist die Besteigung des Puig Mayor, Mallorcas höchstem Berg (1445 m), nicht möglich, da ein Militärgelände den Weg versperrt. Als guter Ersatz bietet sich aber dafür der **Puig Massanella** als zweithöchster Berg der Insel mit einer Höhe von 1 348 m an. Er befindet sich etwa 3 km Luftlinie entfernt südwestlich des berühmten **Klosters Lluc** und ist Teil des Landschaftsschutzgebietes **Serra Tramuntana** mit den Naturschutzgebieten **Son Macip** und **Coma de Prat d'Almallutx**. Am Südhang entlang führte der traditionelle Pilgerweg von Sóller nach Lluc, der aber durch das bereits

erwähnte Sperrgebiet unterbrochen ist. Naturlandschaft mit ausgedehnten Steineichenwäldern und Kulturland alter Einzelgehöfte harmonieren in unmittelbarer Nachbarschaft. Früher nutzte man den Wald zur Gewinnung von Holzkohle, die wiederum zum Kalkbrennen verwendet wurde. Steinfundamente von Meilern und Überreste von Brennöfen erinnern noch an jene Zeit. In höheren Lagen wurde sogar während des Winters Schnee gesammelt und in sogenannten »cases de neu« (Schneehäusern) deponiert, von denen sich östlich des Hauptgipfels noch Mauerreste befinden

Längst ist die Bedrohung des größten geschlossenen Steineichenbestandes Mallorcas durch Naturschutzmaßnahmen abgewendet worden, und heute gehört die Besteigung des Puig Massanella zu den schönsten Ausflügen auf der Insel.

Die geologische Vergangenheit reicht bis in den Jura zurück, als sich durch Überflutungen mächtige Schichten von Kalk-

Ausblick während des Aufstiegs zum Gipfel des Puig Massanella.

und Sandsteinsedimenten ablagerten. Während des Tertiärs kam es dann zu weltweiten geotektonischen Aktivitäten, die auch zur Auffaltung der Betischen Kordillere von Südspanien bis zu den Westalpen führten. Ein Überrest dieses mittlerweile größtenteils versunkenen Gebirges ist die Serra Tramuntana. Vermutlich müssen die Gipfel einst um einige hundert Meter höher gewesen sein, wenn man die abtragenden Erosionskräfte der nachfolgenden 15 Mio. Jahre berücksichtigt. Trotzdem beeindruckt auch heute noch die Berglandschaft mit ihren schroffen Gipfeln, Schluchten und Geröllfeldern.

Pflanzen und Tiere

Die abwechslungsreichen Lebensräume, verursacht durch Höhen- und Temperaturunterschiede sowie reichliche Niederschläge, spiegeln sich in einer artenreichen Flora und Fauna wider. Im unteren Bereich zwischen 500 und 1000 m breiten sich **Steineichenwälder** aus, in niederschlagsärmeren Gebieten durchmischt mit Aleppokiefern. Im Unterholz gedeihen Erdbeerbaum und Baumheide, an feuchten Stellen Frühlingsahorn, Haselnuß und Eibe. Bei den häufigen Wolkennebeln gedeiht auf den Bäumen oft ein üppiger Bewuchs aus Flechten und Moosen. Auf Lichtungen und an Wegrändern wachsen auch Orchideen wie die Keuschorchis und *Orchis olbiensis*.

Ab etwa 1000 m Höhe gehen die Steineichenwälder in die sogenannte **Zone Baléarique** über. Hier breitet sich auf den Geröllfeldern eine Buschlandschaft aus, durchsetzt von hohen Grasbüscheln des Dißgrases, Balearen-Johanniskraut , Rosmarin und Echter Thymian. Igelpolsterwuchs vom Balearen-Tragant, Stechender Gamander, aber auch von Stechwinden (manchmal als eigene Sippe beschrieben) findet man vor allem auf windexponierten Flächen der Gipfelregion. Der polsterartige Wuchs wird aber nicht allein vom

Unterhalb der Gipfel des Puig Massanella wächst das Dißgras in dichten Beständen.

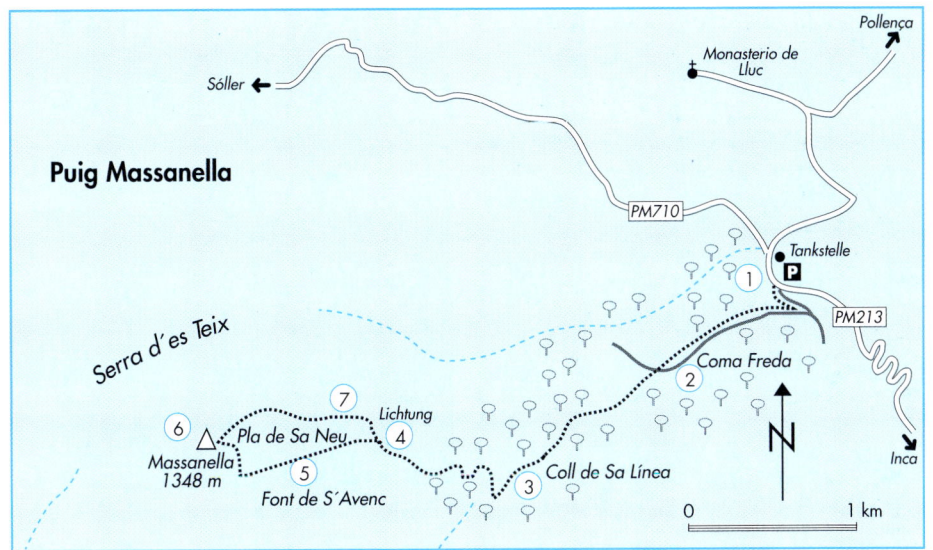

Wind, sondern auch vom Verbiß verwilderter Schafe und Ziegen verursacht. Vereinzelt gedeiht zwischen dem Geröll die mit unserer Christrose verwandte Korsische Nieswurz.

Auch die Tierwelt ist entsprechend der abwechslungsreichen Lebensräume recht artenreich. Dies trifft wieder besonders für die Vögel zu. Im Brachland der verlassenen Gehöfte stöbert man gelegentlich das gut getarnte Rothuhn (S. 79) auf, das dann mit kurzen rauhen Rufen flüchtet. Aus größerer Entfernung zieht der Wiedehopf (S. 55) durch sein auffälliges Aussehen die Aufmerksamkeit auf sich, besonders wenn er seinen Kopfschmuck aufrichtet. Seltener läßt sich auch die Blauracke mit ihren auffallend blau gefärbten Flügelpartien blicken. Die ausgedehnten Steineichenwälder bieten Lebensraum für viele Kleinvogelarten. Dort erklingt während des Frühlings der vielstimmige Gesang von Nachtigallen und anderen auch bei uns vorkommenden Singvogelarten. Im Gebiet gibt es Grauschnäpper und Mittelmeersteinschmätzer.

Die kargen Felsregionen oberhalb der Waldgebiete werden von Steinröteln bevorzugt. Bei letzteren herrscht ein auffallender Geschlechtsunterschied. Während die Weibchen ein schlichtes braungraues Gefieder tragen, ist die Bauchpartie bei den Männchen während der Brutzeit intensiv rostorange gefärbt. Im Schutz der steilen Gipfelhänge bauen Felsenschwalben ihre halbkugeligen Nester an den Felswänden. In den baumlosen Gipfelregionen kann man am besten den eleganten Flugspielen der Greifvögel folgen. Hier muß der Mönchsgeier (s. S. 64) genannt werden, dessen Spannweite bis 2,70 m messen kann. Aber auch der Wanderfalke ist erwähnenswert.

Wesentlich verborgener spielt sich das Leben der meisten Säugetierarten ab. Am ehesten bekommt man verwilderte Schweine zu Gesicht, wenn sie auf Nahrungssuche geräuschvoll durch das Unterholz streifen. Meist handelt es sich um Nachkommen von Hausschweinen, die früher zur Eichelmast in die Wälder getrieben wurden. Im Gebiet von Coll de Sa Línea und Son Macip hält sich die seltene Ginsterkatze (S. 46) auf.

Das Kleine Knabenkraut ist mit mehreren Unterarten vertreten und gedeiht in Garriguen.

△ Steinrötel bevorzugen die felsige Gipfelregion des Puig Massanella.

Das Strauchige Veilchen gedeiht gern im Schatten von ▷ Steineichenwäldern.

◁ Kalksteinfelsen mit rinnenförmigen Erosionsgravuren.

▽ Das Italienische Knabenkraut bevorzugt kalkhaltige Böden im Schatten von Steineichenwäldern.

△ Das Balearen-Alpenveilchen bevorzugt trockene Standorte mit kalkhaltigen Böden.

◁ Die Nachtigall ist auf den Balearen ein weit verbreiteter Brutvogel.

Im Gebiet unterwegs

Zum Gipfel des Puig Massanella führt eine
der schönsten Wanderrouten auf Mallorca. Ausgangspunkt ist eine **Tankstelle** ① an
der PM 213, etwa 3 km vor Lluc, wo man
den Bus verläßt oder den Wagen parkt.
Von Palma gibt es eine Bus- und Eisen-
bahnverbindung bis nach Inca, von dort
verkehrt ein Anschlußbus bis nach Lluc.
Mit dem Auto wählt man die gleiche
Strecke von Palma über die PM 713 bis
nach Inca und von dort die bereits erwähnte PM 213 nach Lluc. Von der Tankstelle geht es etwa 200 m zurück bis zu
einem Tor hinter einer Linkskurve auf der
rechten Straßenseite.
Die nun folgende Wanderung entlang des
alten Pilgerweges dauert, den Rückweg
eingeschlossen, etwa 6 1/2 Stunden.
Zunächst durchquert der Wanderweg
einen schattigen Mischwald von Aleppokiefern und Steineichen mit dichtem Unterholz von Strauchheide und Mastixsträuchern. Nach 20 Minuten tauchen in
einem Tal die Gebäude der Finca **Coma
Freda** ② auf, umgeben von meist brachlie-
gendem Kulturland mit Oliven- und Mandelbaumplantagen.
Bei der nächsten Etappe wird der Paß des
Coll de Sa Línea ③ überquert, der den
1 028 m hohen Puig N'Alis vom Puig Massanella trennt. Reste von Meilern und
Kalkbrennöfen begleiten nun auf beiden
Seiten den Wanderweg. Etwa 90 Minuten
nach Beginn der Wanderung führt der
Weg auf eine Lichtung ④ mit einer Wegegabelung, deren rechte Abzweigung zum
Gipfel des Puig Massanella führt. Der
Wald weicht allmählich zurück und gibt
den Blick auf die schöne Berglandschaft
des nördlichen Inselteils frei.
Der eigentliche Aufstieg beginnt etwa
30 Minuten später bei der in einer kleinen
Höhle befindlichen Quelle **Font de**

Steineichen

Im Mittelmeerraum gehört die immergrüne Steineiche (span.: Encina; mallorquinisch: L´Alcina) zu einer der häufigsten Laubbaumarten; auf Mallorca wird ihr Bestand auf etwa 16 200 ha geschätzt. Auf die verwandtschaftliche Beziehung zu unseren Eichenarten deuten vor allem die Eicheln und die Gestalt hin. Sie bleibt jedoch im Wuchs niedriger, und ihre länglich-ovalen Blätter sind kleiner, glattrandig und tragen an der Unterseite einen filzigen Belag. Je nach Standort können die Gestalt des Baumes, aber auch die Größe und Form der Blätter stark variieren.

Das nördlichste Verbreitungsgebiet der Steineiche erstreckt sich entlang der französischen Atlantikküste bis zu den britischen Kanalinseln. Am besten gedeiht sie auf kalkhaltigen Böden der Serra Tramuntana auf Mallorca und im zentralen Bergland Menorcas. Zur Pflanzengesellschaft von Steineichenwäldern gehören der Erdbeerbaum, das Balearen-Johanniskraut, der Retama-Ginster, die Stechwinde und der Dreibeerige Zeiland.

Auf Mallorca und Menorca war die Steineiche in früheren Zeiten ein wertvoller Nutzbaum, was zur starken Dezimierung der Bestände führte. Ihr Holz war vor allem zur Herstellung von Holzkohle begehrt; daran erinnern an manchen Stellen noch steinerne Fundamente von Meilern. Aus der Rinde wurde Gerbsäure (Tannin) gewonnen, die man zur Herstellung von Farben und Heilmitteln verwendete. Im Herbst trieb man Schweine zur Eichelmast in die Wälder, um den Fettansatz zu beschleunigen. Ihre Wühltätigkeit führte jedoch durch Zerstörung der Bodenvegetation oft zu Forstschäden. Seitdem die Schweinemast überwiegend in Großfarmen betrieben und die Holzkohle durch Butangas ersetzt wird, droht den Steineichenwäldern keine Gefahr mehr. Neben reinen Steineichenwäldern umfaßt die Fläche von Mischbeständen mit Aleppokiefern etwa 21 600 ha.

S'Avenc ⑤. Oberhalb von steil aufsteigenden Geröllfeldern erhebt sich der Doppelgipfel des Puig Massanella, dessen rechter etwas höher und Ziel der Wanderung ist. Nochmals werden etwa 50 Minuten benötigt, bis man vom 1 348 m hohen Hauptgipfel ⑥ den Rundblick über weite Teile Mallorcas genießen kann. Bei klarem Wetter erblickt man nicht nur die stark zerklüftete Nordküste Mallorcas mit Pollença und Alcúdia, sondern auch die ostwärts gelegene Nachbarinsel Menorca. Vielleicht lassen sich auch hoch in den Lüften Mönchsgeier beobachten.

Für den Abstieg empfiehlt sich ein anderer Weg über das Plateau **Pla de Sa Neu** ⑦ zu den Resten alter Schneehäuser, in denen früher gesammelter Schnee gut isoliert mit Moos, Nadelstreu und Reisig bis in den Sommer hinein gelagert wurde. Das daraus entstandene Eis fand vor allem Absatz bei Bierbrauereien. Mittlerweile ersetzt aber die moderne Kühltechnik das mühevoll gewonnene Natureis. Die beiden benachbarten Eiben mögen noch Zeugen dieser fast in Vergessenheit geratenen Eisgewinnung gewesen sein. Der abwärts führende Pfad vereinigt sich später bei der Lichtung ④ wieder mit dem Wanderweg.

Praktische Tips

Bei dieser Wanderung empfiehlt sich festes Schuhwerk mit Profilsohlen, besonders für den Aufstieg zum Gipfel des Puig Massanella. An Proviant und Getränk für eine Vesper sollte gedacht werden, weil es unterwegs keine Einkehrmöglichkeit gibt.

Steineichenwälder prägen das Landschaftsbild der nordwestlichen Bergregion Mallorcas.

Blick in die Umgebung

Für Kunstliebhaber empfiehlt sich ein Besuch des alten **Klosters Lluc**, das noch heute eine der bedeutendsten Wallfahrtsstätten auf Mallorca ist. Vom Ausgangspunkt der Wanderung sind es entlang der PM 213 noch etwa 3 km. Das im Jahre 1260 gegründete Bergkloster gehörte dem Augustiner-Orden und war über Jahrhunderte ein bedeutendes Priesterseminar, aus dem später der heute noch berühmte Chor von Ordensbrüdern der Kongregation des Sagrado Corazón hervorging. Sehenswert ist der umfangreiche Klosterkomplex mit der monumentalen Kirche im Barockstil des 17. und 18. Jh.

Nicht direkt auf dem Weg nach Lluc, aber dennoch einen Abstecher wert ist ein Besuch der **Höhlen vom Campanet** (Öffnungszeiten täglich von 10.30 – 18.30 Uhr). Auf der Rückfahrt nach Inca zweigt man am besten in dem kleinen Bergdorf Selva links ab, um nach etwa 6 km Fahrstrecke Campanet zu erreichen. Wegweiser erleichtern die Suche nach der Höhle etwas außerhalb des Ortes. Sie ist eine der schönsten auf Mallorca und zieht glücklicherweise weitaus geringere Besucherströme auf sich als die Konkurrenten an der Ostküste. Diese Tropfsteinhöhle wurde erst 1945 entdeckt und später für Besucher zugänglich gemacht. Besonders schön sind neben den filigranen Tropfsteinbildungen wunderschöne Sinterterrassen. Ein interessantes Phänomen ist die nahezu konstante Höhlentemperatur von 15°C über das ganze Jahr.

7 Bóquer-Tal

Fast baumlose Macchienlandschaft in einem schmalen Erosionstal; interessante Rudereal- und Garrigue-Vegetation; Aufenthaltsort vieler Stand- und Zugvogelarten; ideales Gelände für Vogelbeobachtungen.

Obwohl vom Bóquer-Tal kaum landschaftliche Reize zu erwarten sind, zieht es doch besonders Ornithologen an. Sie kommen meist aus England, wo »birdwatching« ein weitverbreitetes Hobby ist, in zunehmendem Maße gesellen sich aber auch deutsche und spanische Vogelfreunde hinzu. Das offene Gelände erleichtert Beoachtungen vieler Vogelarten, darunter viele Zugvögel.

Das Bóquer-Tal erstreckt sich etwa 3 km in nordöstlicher Richtung und bildet die geographische Grenze zur etwa 15 km langen **Halbinsel Formentor**. Im Nordwesten wird es von dem schmalen Bergrücken der Serra del Cavall Bernat begrenzt, der bis 362 m ansteigt. Fast spiegelbildlich erstreckt sich ein Höhenzug mit dem 353 m hohen Morral. Auch das Bóquer-Tal ist durch Erosion entstanden, da die gehobenen Kalksedimente den Niederschlägen nur wenig Widerstand bieten. Dennoch gehört diese Region zu den niederschlagsärmsten Gebieten Mallorcas. Dies spiegelt sich in der fast baumlosen Macchienlandschaft wider.
Während der südwestliche Bereich durch fortschreitende Urbanisationen von **Port de Pollença** ökologisch weitgehend zerstört

Das Bóquer-Tal mündet in eine der zahlreichen Felsbuchten; im Hintergrund der Leuchtturm von Kap Formentor.

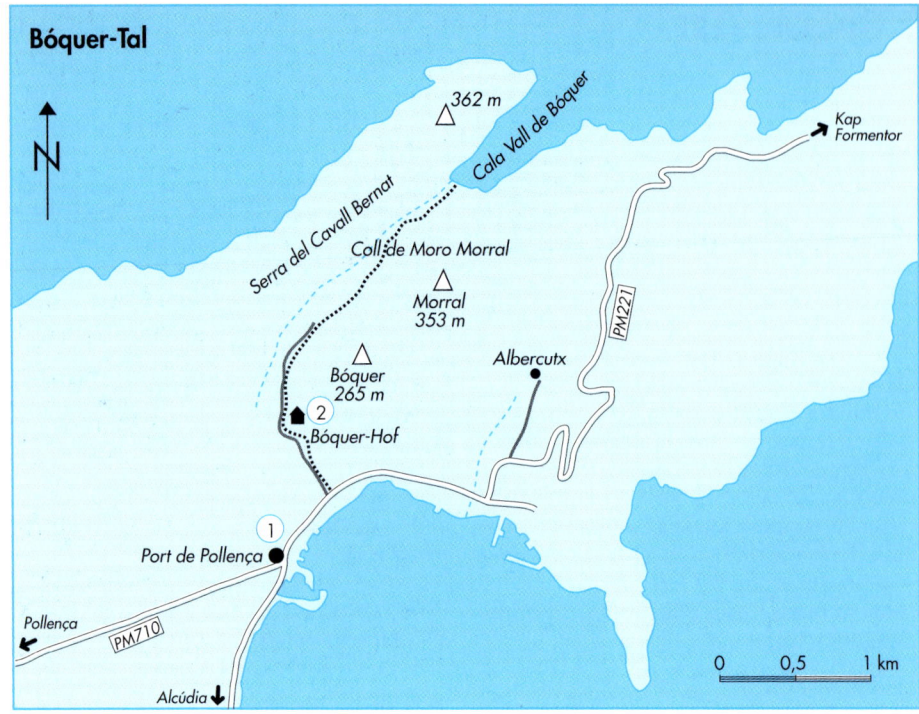

Bóquer-Tal

ist, hat das übrige Tal sein ursprüngliches Aussehen größtenteils bewahrt. Dies ist vor allem dem Privatbesitzer zu verdanken, dessen Anwesen sich am südwestlichen Taleingang befindet. Im Nordosten öffnet sich das Bóquer-Tal zur fjordartigen Bucht gleichen Namens mit einem kleinen geschützten Sandstrand. Etwa auf halber Strecke erhebt sich der 101 m hohe Paß des Coll de Moro Morral.

Pflanzen und Tiere

Im Bóquer-Tal breitet sich eine Garrigue-Vegetation aus, wie man sie in ihrer Artenvielfalt nur noch selten auf Mallorca antrifft. Wie in vielen Mittelmeerregionen nimmt sie auch hier den Platz früherer Wälder ein, die in geschichtlicher Zeit der Holzgewinnung zum Opfer gefallen sind.

Bodenerosion sowie der Verbiß freilebender Ziegen und Schafe verhindern eine Regeneration der Wälder. Bemerkenswert sind aber stattliche Zwergpalmen (S. 96) mit Stammbildungen, wie man sie andernorts nur selten sieht. Zur Leitvegetation gehören Rosmarin, Mastixsträucher, Schmalblättrige Steinlinden, Immergrüner Kreuzdorn, verschiedene Wolfsmilcharten (Baumartige W., Pityusen-W., S. 95) und Zistrosen (Weißliche Z.; Montpellier-Z., S. 143). Die Wegränder sind an manchen Stellen mit einer interessanten Igelpolstervegetation bewachsen, die sich auch hier wieder aus Balearen-Tragant (S. 63), Stechwinde und Polei-Gamander zusammensetzt. An den wenigen feuchten Stellen im Bereich eines Baches nördlich des Passes blüht im Frühjahr die Hummelorchis. Auf dem Weg zum Bóquer-Tal lohnt aber auch ein Blick auf die Ruderalflora im Er-

Die weißblühende Salbeiblättrige Zistrose gehört zu den häufigsten Arten der Macchienvegetation.

schließungsgelände der Urbanisationen. Während der niederschlagsreichen Monate bietet sich dort oft ein farbenprächtiges Bild, wenn Milchfleckdisteln, Wilder Borretsch, Kleinfrüchtiger Affodill und Kronen-Wucherblumen in voller Blüte stehen.

Wie bereits erwähnt, bietet das Bóquer-Tal günstige Lebensbedingungen für etliche Vogelarten. Der Tisch ist reich gedeckt mit Samen der Macchienflora und mit Insekten, die sich von den Pflanzen oder deren Nektar ernähren. Steinrötel, Schwarzkehlchen, Stieglitz, Mönchsgrasmücke und Rothuhn gehören zu den häufigsten Arten. Ungehindert durch Wald und Buschwerk lassen sich besonders gut Greifvogelarten beobachten, von denen Fischadler und Wanderfalke zu nennen sind.

Im Gebiet unterwegs

Die Verkehrsverbindungen zum Bóquer-Tal sind recht günstig. Dies gilt sowohl für die individuelle Anfahrt als auch für öffentliche Verkehrsmittel. Vom Palma kann man zwei Verbindungen wählen: Eine kürzere über die PM 713 nach Alcúdia und dann weiter nach Port de Pollença. Die längere, aber reizvollere Strecke führt zunächst über die PM 711 nach Sóller und dann entlang der Gebirgsstraße PM 710 zum Zielort. Die Busse fahren von Palma entlang der PM 713 nach **Port de Pollença** ①. Am östlichen Ortsende erreicht man über die Avinguda Bocchoris den Ausgangspunkt der etwa 2-stündigen Wanderung. Das eigentliche Tal beginnt beim Bóquer-Gehöft ②, das diesem Tal den Namen gab. Obwohl es ein Privatgelände ist, sind keine Behinderungen bekannt, sofern man sich an die Regeln hält.

Die Spanische Kratzdistel ist häufig an Wegrändern und auf Ödflächen anzufinden.

◁ Die Halbinsel Formentor gehört mit ihrer bizarren Felsküste zu den schönsten Landschaften Mallorcas.

Auch im Bóquer-Tal ist der anspruchslose Mastixstrauch ▷ häufig anzutreffen.

Blick in die Umgebung

Nach dem Besuch des Bóquer-Tals bleibt meist noch genügend Zeit für einen Abstecher zum **Kap Formentor**, den man sich nicht entgehen lassen sollte! Eine landschaftlich reizvolle Küstenstraße führt zum etwa 15 km entfernten Kap, der nordöstlichsten Spitze Mallorcas. Auf dieser Fahrt gewinnt man Eindrücke von der schroffen Küstenlandschaft mit zahlreichen einsamen Buchten. Etwa auf halber Strecke lohnt bei Kilometerstein 15 ein Abstieg zur **Cala Engossaubas** durch ein nahezu unberührtes Waldrefugium.
Nach Passieren eines Tunnels sollte im Frühjahr ein weiterer Stop eingelegt werden, um sich an der Blütenpracht zu erfreuen. Dort kann man im April auch die Balearen-Pfingstrose mit ihren prachtvollen roten Blüten entdecken, eine der schönsten endemischen Pflanzenarten der Balearen. Im gleichen Gebiet sind zwei weitere seltene Arten verbreitet, nämlich das Rodriguez-Greiskraut und das Storchenschnabelgewächs *Erodium reichardii*. Die Straße endet am etwa 200 m hohen Kap Formentor unterhalb des Leuchtturms auf einem Parkplatz. Von dort lassen sich gut Seevögel beobachten, am häufigsten Weißkopfmöwen, aber auch Mittelmeer-Sturmtaucher im eleganten Segelflug, Kormorane und ausnahmsweise Skuas. Eine noch bessere Sichtposition bietet sich von einer etwa 100 m hohen Felsplattform. Zu ihr führt ein steiler Pfad hinab, der aber Schwindelfreiheit erfordert.

Das Rothuhn hält sich gern im steinigen Gelände auf.

Der Stieglitz ist besonders häufig auf Brachflächen anzu- ▷ treffen.

8 La Victória

Vielfalt an Biotopen, deren Spann-
breite vom Felslitoral über Garrigue
bis zu ausgedehnten Aleppokiefernwäldern reicht; gesamtes Gebiet
durch Wanderwege sehr gut erschlossen.

Das Landschaftsschutzgebiet La Victória
umfaßt eine Fläche von 1320 ha und damit den größten Teil der **Alcúdia-Halbinsel**
im Nordosten Mallorcas. Die Nordspitze
ist allerdings militärisches Sperrgebiet.
Die durch Buchten und Felskaps stark ge-
gliederte Alcúdia-Halbinsel steht in en-
gem geologischen Zusammenhang mit
der Serra Tramuntana. Als östlicher Ausläufer weist sie mit Sedimentgesteinen des
Jura die gleichen geologischen Formationen auf wie das Hauptgebirge.
Auch hier hat die Erosionstätigkeit ihre
Spuren in Form zahlreicher Torrents und
einer stark zerklüfteten Berglandschaft
hinterlassen. Die Steilküste wird nur an
wenigen Stellen von kleinen Stränden unterbrochen wie beispielsweise die Platja
d´es Coll Baix. Mit 445 m ist der **Atalaya
d´Alcúdia** die höchste Erhebung der Halbinsel, der sich an den beiden Flanken die
Buchten von Pollença und Alcúdia mit
ausgedehnten Sandstränden angliedern.
Die windexponierte Lage und geringe
Niederschläge lassen in küstennahen
Gebieten keine üppige Vegetation gedeihen. So breitet sich besonders auf den lee-
seitigen Küstenhängen eine baumlose
Macchienvegetation aus. Leider haben
während der letzten Jahre mehrere Wald-
brände große Schäden angerichtet, und
nur langsam verschwinden die Brand-
spuren.

Pflanzen und Tiere

Am besten lernt man die Flora während
der Frühligsmonate kennen, wenn die
Macchienvegetation der Küstenhänge in
voller Blüte steht. Dies gilt vor allem für
die Nordküste im Bereich des Aussichts-
punktes Penya Rotja. Auf dem porösen
Kalkgestein haben sich überwiegend
trockenresistente Arten angesiedelt. Zwi-

◁ Schmaler Durchstieg auf dem Wanderweg zum Penya Rotja.

Platya d´es Coll Baitx gehört zu den idyllischsten Bade- ▷
buchten Mallorcas.

schen März und Mai wetteifern der zartrosa blühende Röhrige Affodill, die Baumartige Wolfsmilch, der Stachelige Dornginster und der Dreiblütige Geißklee mit ihren gelben Blütenständen sowie die rotvioletten Kugelblüten der Mariendisteln miteinander. Seltener trifft man dagegen den endemischen Dreiblättrigen Hornklee mit seinen gelben Schmetterlingsblüten an, bei dem als typisches Erkennungsmerkmal das 4. Teilblatt stark reduziert ist. Ebenfalls endemisch ist der Balearen-Schuppenkopf, der leicht an seinen weißlichen Kugelblüten auf verzweigten Stengeln zu erkennen ist.

An den Wegrändern zum Penya Rotja und auf früheren Waldflächen haben sich dichte Bestände von Dißgras angesiedelt, das auch heute noch Verwendung für Son-

nenschirme an den Badestränden findet. An den weniger dicht bewachsenen Stellen hat sich eine interessante Igelpolsterflora aus Stechendem Gamander und Balearen-Tragant angesiedelt. Während des Frühjahrs und gelegentlich auch nach den ersten herbstlichen Regenfällen sprießen aus dem steinigen Boden die zierlichen rosa-violetten Blüten der Streifenblättrigen Merendera. Das gemeinsame Verbreitungsgebiet mit Korsika und Sardinien gilt als Beweis für die Existenz eines untergegangenen tyrrhenischen Kontinentes. Oberhalb der Steilküstenhänge breiten sich im Schutz der Täler Aleppokiefernwälder aus. An Waldrändern und auf Kahlflächen hat sich eine Busch-Garrigue aus Mastixsträuchern, Baumheide, Rosmarin und Zwergpalmen (S. 96) angesiedelt.

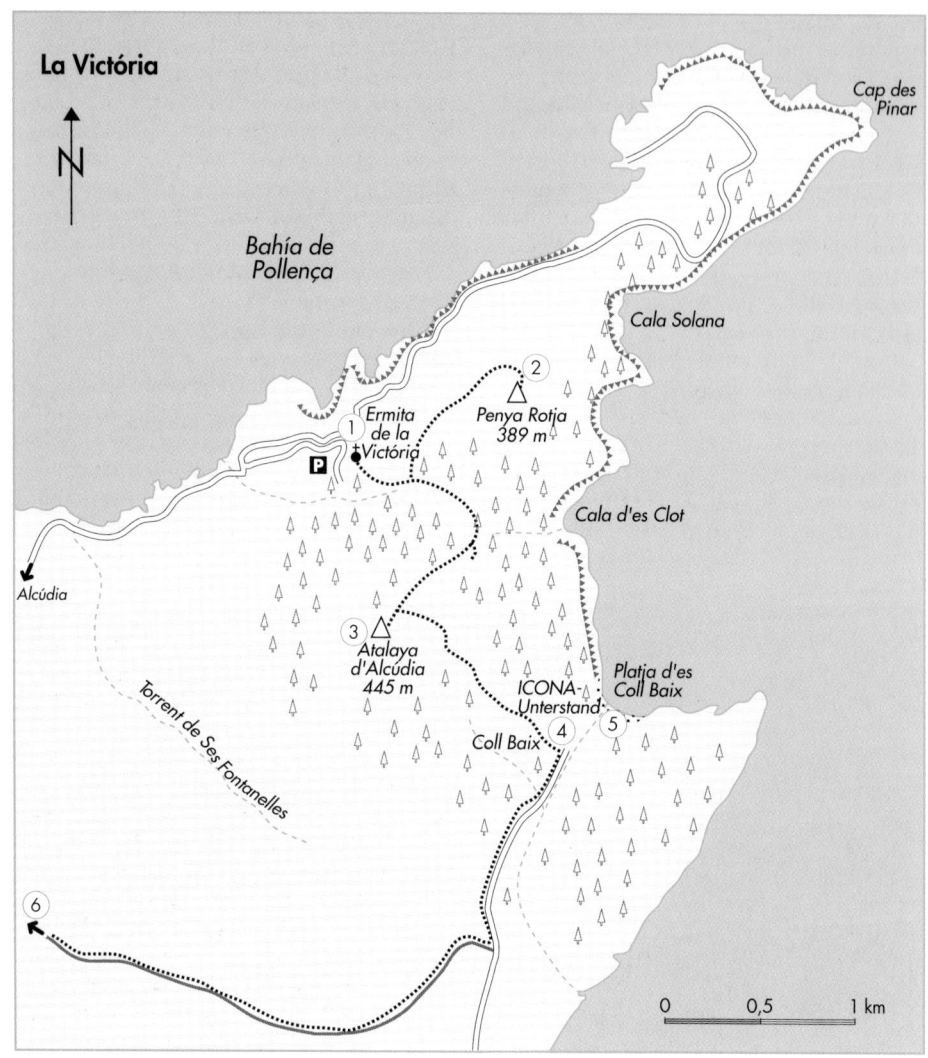

La Victória

Bahía de Pollença

Cap des Pinar

Cala Solana

Ermita de la Victória

② Penya Rotja 389 m

Cala d'es Clot

Alcúdia

③ Atalaya d'Alcúdia 445 m

ICONA-Unterstand

Platja d'es Coll Baix

⑤

Coll Baix ④

Torrent de Ses Fontanelles

⑥

0   0,5   1 km

Auf den windigen Felsgipfeln weicht die Buschvegetation einer niedrigen Halbstrauch- und Kräuterformation aus Labkrautgewächsen (*Galium crespinianum*), Flockenblumen (*Centaurea intybacea*), Leimkraut (*Silene mollisima*) und Faden-Bergminze (S.129).
Die abwechslungsreichen Biotope der Alcúdia-Halbinsel bieten etlichen Brut- vögeln günstige Lebensgrundlagen. An den unzugänglichen Steilküsten der Nordseite nisten Krähenscharben (S.116), die sich aber tagsüber zur Nahrungssuche in den benachbarten Lagunengewässern der S´Albufera und des Lago Esperanza aufhalten. Umgekehrt ist es bei den Fischadlern (S.118), von denen 1–2 Nistplätze an der Nordspitze der benachbarten Halb-

insel Formentor zu finden sind, deren Jagdgründe sich jedoch großflächig über die gesamte nördliche Küstenregion Mallorcas erstrecken. Während der Wintermonate gesellen sich oft noch Durchzügler aus Nordeuropa hinzu. Als weiterer Greifvogel kann man fast regelmäßig den Turmfalken beobachten; Wanderfalken sind selten und brüten nur in 1–2 Paaren. In den Sommermonaten kommt der Eleonorenfalke hinzu, der sich gern über oder in Nähe des Meeres aufhält. Gelegentlich zeigen Eleonorenfalken ihr akrobatisches Fluggeschick beim Fang von Insekten. In den Garriguen fallen Wiedehopfe mit ihrer aufstellbaren Federhaube und Rotkopfwürger mit ihrem rostfarbenem Oberkopf auf. Akustisch bemerkbar machen sich dagegen im Schutz des dichten Unterholzes der Kiefernwälder Turteltauben, Ringeltauben, Kuckuck und zahlreiche Kleinvogelarten. Während der Wintermonate gesellen sich Singdrosseln, Rotkehlchen sowie große Starenschwärme hinzu, darunter auch vereinzelte Einfarbstare.

Im Gebiet unterwegs

Durch ein dichtes Netz von Pfaden läßt sich das Landschaftsschutzgebiet La Victória gut erwandern. Als Ausgangspunkt wählt man am besten die alte Wallfahrtskirche **Ermita de la Victória** ①. Sie kann mit dem Wagen von Palma über die PM 713 bis Alcúdia und dann weiter über die mit »Ermita« ausgeschilderte Strecke erreicht werden. Die Busse verkehren nur bis Alcúdia, die restlichen 5 km bis zur Wallfahrtskirche müssen dann zu Fuß oder mit dem Taxi zurückgelegt werden.
Um die Nordküste mit ihren steilen Felshängen kennenzulernen, besucht man zunächst den **Mirador Atalaya Penya Rotja** ②. Dort befindet sich ein alter Turm, früher ein wichtiges Glied in der Kette von Wachtürmen, die zur Warnung vor Piratenüberfällen dienten. Eine besonders

schöne Aussicht bietet sich während der Frühjahrsmonate, wenn man den Blick über das Blütenmeer der Küstenhänge entlang der weitgeschwungenen Strandbucht von Alcúdia bis zur gegenüberliegenden Halbinsel Formentor schweifen läßt.
Es geht die gleiche Strecke zurück bis zur Abzweigung zum **Atalaya d'Alcúdia** ③, ebenfalls ein alter Wachturm auf dem 445 m hohen gleichnamigen Gipfel, die höchste Erhebung der Halbinsel.
Nachdem man sich an dem schönen Panoramablick über den gesamten Nordteil Mal-lorcas erfreut hat, lohnt ein Blick auf den Mikrokosmos der Halbstrauch- und Kräuterformation an den windexponierten Stellen. Nach kurzem Abstieg schließt sich ein serpentinenreicher Pfad durch großflächige Busch-Garriguen mit hohen Dißgrasbeständen an. Kurz nach Erreichen eines Aleppokiefernforstes stößt der Pfad auf einen ICONA-Unterstand ④ im Talgrund des **Coll Baix** mit Rastmöglichkeit. Von dort sollte man nicht auf einen Abstecher zur idyllischen Badebucht **Platja d'es Coll Baix** ⑤ verzichten.
Der folgende Wanderabschnitt führt zunächst noch durch dichten Kiefernwald und anschließend durch eine Kulturlandschaft, die mit ihren Gehöften im Zustand des letzten Jahrhundert zu stagnieren scheint. Besonders schön ist eine Wanderung zwischen Ende Januar und Ende Februar, wenn die Mandelbaumplantagen in voller Blüte stehen. An den Mauereinfriedungen und Wegrändern lassen sich zahlreiche Wildpflanzen als Kulturfolger entdecken. Dazu gehört das im Frühjahr zartrosa blühende Einjährige Gänseblümchen, der Nickende Sauerklee und der Kleinfrüchtige Affodill. Die Mauern selbst sind oft überwuchert von Brombeergestrüpp, Stechwinden und Mastixsträuchern.
Bei der **Bodega del Sol** ⑥ endet die Wanderung, und man muß sich nun für den Weg zurück zum Auto oder den kürzeren Rückweg nach Alcúdia entscheiden.

Der Kapernstrauch – als Wildgewächs auf den Balearen weit verbreitet.

Zum Verbreitungsgebiet des Rotkopfwürgers gehört auch die Macchienlandschaft der Halbinsel Alcúdia.

Blick in die Umgebung

Nach dieser Wanderung bleibt meist noch Zeit für einen Bummel durch die schöne Altstadt von **Alcúdia**, deren Geschichte bis in die Römerzeit zurückreicht. Der jetzige

Stadtkern ist größtenteils noch mittelalterlich geprägt und von einem nahezu geschlossenen Mauerring umgeben. Sehenswert sind die gotische Pfarrkirche Sant Jaume, zwei alte Stadttore sowie das archäologische Museum.

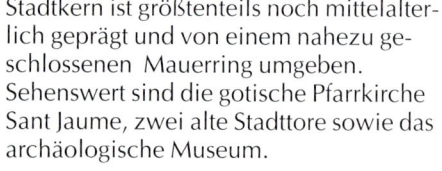

Im zeitigen Frühjahr beginnt das Einjährige Gänseblümchen an feuchten Wegrändern zu blühen.

Stechwinden siedeln sich gern an Tanca- und Terrassenmauern an.

9 Naturschutzgebiet S´Albufera

Größtes Feuchtgebiet der Balearen, umgeben von fruchtbaren Anbaugebieten; ausgedehnte Sümpfe mit dichten Schilfbeständen, in Küstennähe Dünen und Kiefernwälder; größte Zahl der beobachteten Vogelarten auf den Balearen (196).

Das 2400 ha große Naturschutzgebiet der S´Albufera bildet den östlichen Abschluß der ausgedehnten Ebene Llanura del Centro zwischen den Bergzügen der Serra Tramuntana und Serra Llevant. Dieses Gebiet gehört zu den ältesten Kulturlandschaften der Balearen. Bereits um die Zeitenwende ließen sich die Römer nördlich des heutigen Feuchtgebietes in der Nähe von Alcúdia nieder, woran noch das Teatro romano erinnert. Aus Berichten von Plinius geht hervor, daß Purpurhühner und Nachtreiher vermutlich von der S´Albufera als Leckerbissen nach Rom geschickt worden sind. Die Namensgebung ist allerdings arabischen Ursprungs (»Albuhayra« = Lagune oder See) und erinnert an die Maurenherrschaft zwischen dem 7. und 13. Jh.n.Chr.
Im 17. Jh. begannen die Bewohner von Sa Pobla und Muro den westlichen Randbereich der S´Álbufera durch »Marjals«, kleine von Gräben umgebene Parzellen, urbar zu machen.
Bis zum 18. Jh. waren die Feuchtgebiete beliebtes Jagd- und Fischereigebiet, aber auch Brutstätten für *Anopheles*-Mücken als Malariaüberträger. So wuchsen die Bestrebungen, durch Trockenlegung den Mückenlarven die Lebensgrundlage zu entziehen und gleichzeitig neues Kulturland zu gewinnen. Mit der Gründung einer Firma begannen im Jahre 1856 die Bauarbeiten an den ersten Entwässerungskanälen. Sechs Jahre später führte die Londoner Firma »New Majorca Land & Co.« das Entwässerungsprojekt fort, das eine Fläche von 2 000 ha umfaßte. Zunächst wurde ein ausgedehntes Kanalnetz angelegt, dessen Wasser sich im Canal de Siurana sammelte, der noch heute weitgehend existiert. Ein mit Dampf betriebenes Pumpwerk in Sa Roca, das später einer Papierfabrik weichen mußte, sorgte für die Absenkung des Grundwasserspiegels. Die Gesamtlänge der Kanalstrecke von fast 400 km verdeutlicht den Aufwand dieses Projektes. Doch bald stellte sich heraus, daß Meerwasser nachdrängte und zur Versalzung von etwa zwei Dritteln der trockengelegten Flächen führte. Das Projekt

Der Purpurreiher (Foto) gehört zu den Brutvögeln der S´Albufera, während sich Seidenreiher nur als Gäste aufhalten.

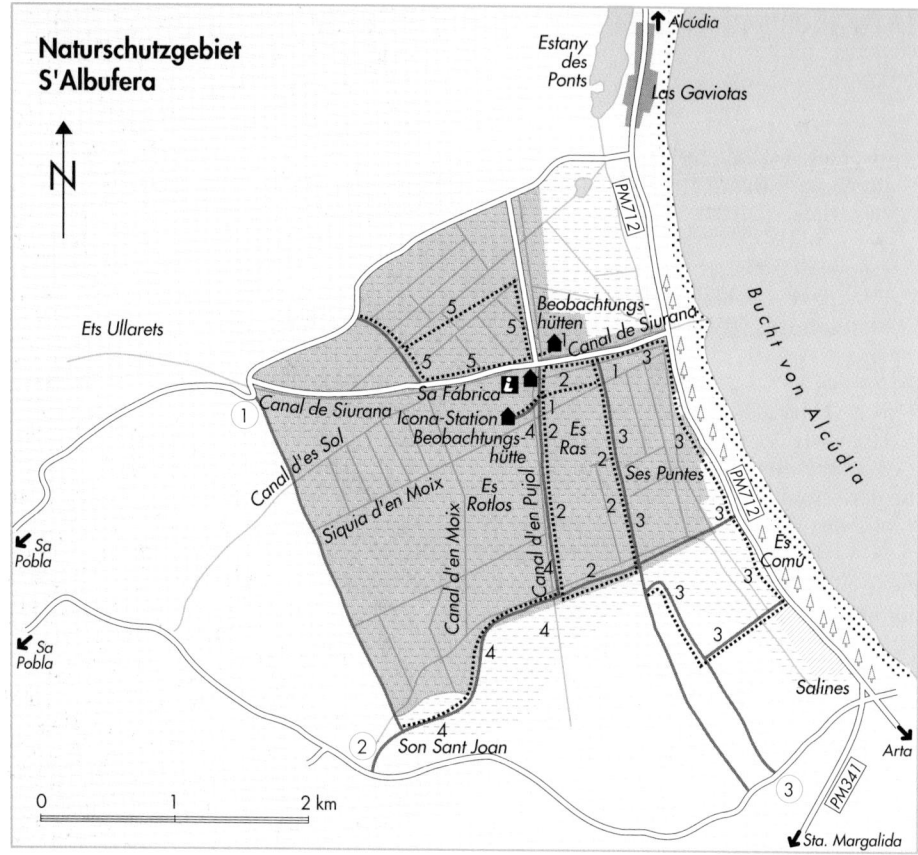

Naturschutzgebiet S'Albufera

N

Ets Ullarets

Estany des Ponts

Alcúdia

Las Gaviotas

PM712

Beobachtungs-hütten

Canal de Siurana

5

5

5

Sa Fábrica

Icona-Station

Beobachtungs-hütte

Canal de Siurana

Canal d'es Sol

Siquia d'en Moix

Canal d'en Moix

Es Rotlos

Canal d'en Pujol

2

1

2

Es Ras

2

1

3

Ses Puntes

3

3

3

2

2

2

4

4

4

2

3

3

Es Comú

Salines

Bucht von Alcúdia

PM712

Sa Pobla

Sa Pobla

Son Sant Joan

4

2

Arta

3

PM341

Sta. Margalida

0   1   2 km

mußte aufgegeben werden, und die Firma machte Pleite. Noch heute erinnert neben dem Canal de Siurana sowie einigen Entwässerungskanälen ein ausgedehntes Wegenetz an das fehlgeschlagene Entwässerungsprojekt.

Später dienten etliche Sumpfgebiete dem Reisanbau, der aber Anfang der sechziger Jahre eingestellt wurde. Die 1966 stillgelegte Papierfabrik von Sa Roca (Sa Fábrica) verarbeitete große Mengen von Schilf, das aber nur minderwertige Papierqualität lieferte. Die weitläufigen Feuchtgebiete waren aber auch stets beliebtes Jagd- und Fischereirevier.

Einschneidende Veränderungen begannen Mitte der sechziger Jahre, als wegen Urbanisierungsmaßnahmen für den wachsenden Tourismus der nordöstliche Teil der S'Albufera geopfert wurde. Dazu gehören das Gebiet von Estany mit dem gleichnamigen See sowie das gegenüberliegende Dünengelände, wo sich heute die ausgedehnten Hotelanlagen von Las Gaviotas befinden. Auch das vor wenigen Jahren erbaute Wärmekraftwerk nördlich der S'Albufera hat durch Kühlwasserentnahmen und Schwefeldioxidemissionen negative Einflüsse auf das heutige Naturschutzgebiet.

1985 rettete der Erwerb der Inselregierung das verbliebene Feuchtgebiet vor seiner endgültigen Zerstörung. In den darauffolgenden Jahren wurde von der staatlichen Naturschutzorganisation ICONA ein vorbildliches Reservat geschaffen, das inzwischen mit einem Informationszentrum, drei Beobachtungshütten und Lehrpfaden ausgestattet worden ist.
Durch die genannten Eingriffe ist vom einstigen Feuchtgebiet nur noch etwa ein Drittel der Fläche verblieben, das aber als Naturschutzgebiet weitgehend in seinem ursprünglichen Zustand erhalten ist.
Im Westen wird die S'Albufera von fruchtbaren tertiären Sedimenten begrenzt, auf denen hauptsächlich subtropisches Gemüse angebaut wird. Der östliche Bereich geht in einen Lagunengürtel über, zu dem auch die alten Salzteiche im Südosten gehören. Ein breiter, mit Aleppokiefern bewachsener Dünenstreifen schließt die S'Albufera zur Bucht von Alcúdia ab.

Pflanzen und Tiere

Als subtropisches Feuchtgebiet weist die S'Albufera eine artenreiche Flora und Fauna auf. Allein 196 Vogelarten sind bisher festgestellt worden, die sich dort als Brutvögel oder Gäste aufhalten. Entsprechend der ökologischen Gliederung hat sich eine Vielzahl interessanter Lebensgemeinschaften gebildet. Das größte und zugleich artenreichste Biotop sind die **Sumpfniederungen** mit ausgedehnten Schilfbeständen, die durchsetzt sind von Seggen-, Binsen- und Simsenarten. Von den Wasserpflanzen ist das Schwimmende Laichkraut am häufigsten anzutreffen. Von besonderem Interesse sind halophile Pflanzenarten (s.S.105), die ihre Standorte in den brackigen Randzonen des Lagu-

nengürtels haben. Dazu gehören der Strauchqueller (S. 94), das Strauchige Salzkraut und das Ästige Tausengüldenkraut mit seinen violetten Sternblüten. Fast einmalig für die Balearen ist der Auwaldbestand entlang des Siurana-Kanals, der sich hauptsächlich aus Silberpappeln, Feldulmen und Schmalblättrigen Eschen zusammensetzt. Als botanische Rarität muß die bis 1 m hohe Pyramidenorchis (S. 22) erwähnt werden, die auf feuchten Wiesen gedeiht.
Diese Feuchtgebiete bieten vor allem Lebensraum für an Wasser gebundene Tier-

Ausgedehnte Schilfbestände und Teiche bestimmen das ▷
Landschaftsbild der S´Albufera.

Der Klebrige Alant gehört zur Begleitflora der Feuchtgebiete.

arten, darunter zahlreiche Wasserinsekten
wie Libellen, Wasserläufer und Wasserkä-
fer (z. B. Gelbrandkäfer). Unter den Amphibien fallen der häufige Seefrosch, die
Geburtshelferkröte und der Mittelmeerlaubfrosch auf, die während des Frühjahrs
stimmführend im nächtlichen Tierkonzert
sind. Von den Reptilien bevorzugen Ringelnatter und Europäische Sumpfschildkröte die zahlreichen Tümpel.
Am eindrucksvollsten ist jedoch die artenreiche Vogelwelt, die in den Feuchtgebie-

Als Wintergäste halten sich Kampfläufer in den Feuchtgebieten
der Balearen auf.

9 Naturschutzgebiet S´Albufera

Das Riesenknabenkraut ist mit einer Wuchshöhe von 75 cm eine der größten Orchideenarten der Balearen.

ten ideale Lebensbedingungen findet. Neben den häufigen Teichrohr- und Drosselrohrsängern gehören Teichhühner und Rohrweihen zu den Bewohnern der Sumpfniederungen. Erwähnt werden müssen auch mehrere Limikolenarten wie beispielsweise Fluß- und Sandregenpfeifer sowie Stelzen- und Kampfläufer. Aber auch der seltene Flamingo, die Zwergrohrdommel, der Fischadler und der Purpurreiher sowie andere Reiherarten suchen die Gewässer der S'Albufera auf. Als

Auch Pfeifenten sind Wintergäste auf den Balearen.

deres Bild: Schattige Kiefern kontrastieren zu den langgestreckten weißen Stränden. Neben den Kiefern gedeiht an manchen Stellen der Stechwacholder . Das Unterholz wird hauptsächlich von Mastixsträuchern, Myrten, und Schmalblättrigen Steinlinden gebildet. Mehr am Waldrand oder an Mauern rankt die Brennende Waldrebe, während des Frühsommers übersät von weißen, vierstrahligen Blütensternen. An heißen Sommertagen ist die Luft durchschwängert vom Duft der ätherischen Öle, der dem Wald entströmt. Häufig bilden sich am Waldrand Dickichte von Rankenden Waldreben, Windendem Geißblatt und Stechwinden.

Auf den Dünen gedeihen nur Arten mit Trocken- und Salzresistenz, zu denen der Strandhafer, der Strandlein mit seinen gelben rispigen Blütenständen, aber auch die endemische Silberweiße Spatzenzunge gehören. Am Strand werden öfter die merkwürdigen, faserigen, etwa 5–10 cm großen »Neptunsbälle« angespült, die sich durch die Brandung aus Fasern des Seegrases formen. Erwähnenswert sind auch Brutplätze des Seeregenpfeifers im dünenreichen Gelände.

Im Schilfdickicht stimmt der Drosselrohrsänger während der Sommermonate seinen knarrenden Gesang an.

Im Gebiet unterwegs

Zur S'Albufera gibt es ausgezeichnete Verkehrsverbindungen sowohl für das Auto als auch mit Linienbussen. Von Palma fährt man am besten zunächst auf der PM 713 bis nach Sa Pobla, um dann von der Ortsmitte die Fahrt entlang einer Landstraße entweder in Richtung Ca´s Capellanes fortzusetzen oder nach 3 km links abzubiegen. Die Fahrtdauer beträgt etwa 1 Stunde (Länge der Fahrstrecke etwa 60–70 km). Über die mit ①, ② und,③ markierten Zugänge erreicht man dann das Naturschutzgebiet. Von Palma gelangt man zum Ziel mit dem Bus nach Ca´n Picafort. Von der Endstation sind es nochmals etwa 30 Minuten bis zum Zugang ③.

Wintergäste gesellen sich oft noch zahlreiche Gründel- und Tauchenten hinzu. Viele Kleinvogelarten lassen ihren Gesang in den buschreichen Randgebieten vernehmen wie Cisten-, Seiden- und Mariskensänger, Samtkopfgrasmücke oder Schwarzkehlchen.

Wesentlich kleiner an Fläche ist das ostwärts anschließende Dünengelände, das durch die Küstenstraße Alcudia–Artá vom Naturschutzgebiet getrennt wird. Ein fast geschlossener Waldstreifen von Aleppokiefern erstreckt sich dort zwischen Strand und Straße. Hier bietet sich ein völlig an-

Grillen

Welcher Reisende erinnert sich nicht gern an die nächtlichen Gesänge der Grillen (span.: Grillo; mallorquinisch: Grifoll) auf den Balearen. Selten bekommt man die scheuen Sänger selbst zu sehen. Bei den geringsten Erschütterungen verstummt ihr Gezirpe, und sie ziehen sich blitzschnell in ihre Schlupfwinkel zurück.

In der Regel handelt es sich um die 2,5–3 cm große Zweifleckgrille (S.92), deren lange Antennen und Sprungbeine die nahe Verwandtschaft zu den Laubheuschrecken verraten. Namensgebend sind zwei markante gelbe Flecken an den Flügelansatzstellen, der übrige Körper ist schwarz-braun gefärbt. Unter beiden Flügeldecken ragen die Enden der gefalteten Hinterflügel hervor, mit denen Zweifleckgrillen längere Strecken fliegen können. Seltener vertreten ist unsere einheimische Feldgrille, die ihre Flugfähigkeit durch teilweise Rückbildung der Flügel eingebüßt hat.

Beide Grillenarten bevorzugen trockenes Brachgelände, sind aber auch auf Getreidefeldern anzutreffen. Die Zweifleckgrille hält sich aber auch in der Nähe von Siedlungen auf, was ihr nächtliches Konzert verrät. Mit ihren wenig spezialisierten Mundwerkzeugen verzehren Grillen sowohl pflanzliche als auch tierische Kost.

Selten bekommt man jedoch Grillen zu Gesicht, weil sie bei geringsten Erschütterungen ihr Gezirpe abbrechen und in Verstecke oder selbstgegrabene Erdröhren flüchten. Es ist also ihr melodischer Gesang, der die Anwesenheit von Grillen verrät. Genau genommen sind es nur die Männchen, die Laute von sich geben können. Dies geschieht mit ihren Deckflügeln, die sie in rascher Folge gegeneinanderreiben. Bei jeder Flügelbewegung streicht eine Schrillkante über eine mit etwa 100 winzigen Zähnen versehenen Schrillader, wobei die bekannten Laute mit einer Frequenz von 4000–5000 Hertz erzeugt werden.

In der Regel stimmt das Männchen sein Zirpen für einen Werbegesang an, um Weibchen akustisch anzulocken. Wahrgenommen werden die Laute in den Vorderbeinen durch sogenannte Tympanalorgane, in ihrer Anatomie und Funktion durchaus mit unseren Ohren vergleichbar. Sobald sich beide Partner gefunden haben, wechselt der Werbegesang des Männchens in einen Balzgesang mit kurzen, hochfrequenten Lauten. Wesentlich seltener ist der Kampfgesang mit erregtem, langanhaltendem Zirpen zu hören, der immer dann angestimmt wird, wenn rivalisierende Männchen aufeinanderstoßen. In China nutzt man das aggressive Verhalten der Männchen für Grillenkämpfe, die sich einer großen Volksbelustigung erfreuen.

Wanderwege

Für den Besuch des Naturschutzgebietes der S'Albufera bieten sich 5 Wanderrouten an, die auf dem Plan der Touristeninformation mit Nummern versehen sind und alle in Sa Fábrica beginnen.

Die mit Route 1 bezeichnete Wanderung hat ihren Ausgangspunkt bei der ICONA-Station und führt zunächst über den Canal de Siurana zum anderen Ufer und dann rechts zu zwei Beobachtungshütten mit Schautafeln für die interessantesten Vogelarten. Danach überquert die Route wieder den Kanal und die Straße und setzt sich im Schilfgebiet fort. Nach einer Rechtswendung erreicht man eine weitere Beobachtungshütte, und die Rundwanderung endet wieder bei Sa Fábrica.

Zweifleckgrille.

Route 2 hat den gleichen Ausgangspunkt und nimmt zunächst einen ähnlichen Verlauf, führt dann aber weiter nach Süden entlang des **Camí Ses Puntes** bis zum quer verlaufenden Fahrweg nach Son Sant Joan und dann wieder nordwärts am Ufer des **Canal d´en Pujol** zum Ausgangspunkt Sa Fábrica. Auch auf dieser Rundwanderung durchquert man ausgedehnte Schilfbestände, durchmischt von einer artenreichen Feuchtflora und halophilen Pflanzenarten.

Route 3 verläuft wie Route 2 entlang des **Camí Ses Puntes**. Sie führt dann aber weiter nach Süden durch eine Kulturlandschaft mit einigen Gehöften (Ca´n Eixut, Ca´n Punxa, Son Bosc) und Gemüsefeldern. Anschließend wendet sie sich dann linkerhand zum ehemaligen Salinengelände **Ses Salines**, wo die Halophytenflora (s.S.105) mit Strauchqueller und Strauchigem Salzkraut ihre größte Ausdehnung hat.

Route 4 beginnt wieder bei Sa Fábrica, setzt sich dann aber gleich entlang des **Canal d´en Pujol** südwärts fort, um dann wieder ausgedehnte Schilfbestände mit eingestreuten Anbauflächen bis nach **Font de Sant Joan** zu durchqueren.

Die letzte, mit Route 5 gekennzeichnete Wanderung, wohl die interessanteste, wendet sich nordwärts über die Brücke Pont Sa Roca entlang des **Camí des Senyals**. Ein kurzer Abstecher nach links führt zu einem hölzernen Beobachtungsturm, der einen schönen Rundblick über die wohl ausgedehntesten Schilfbestände mit artenreicher Vogelwelt vermittelt. Nach einer Linksabbiegung setzt sich der Pfad entlang des **Canal Ferragut** fort und stößt nach etwa 1 km auf den quer verlaufenden Canal Loco. Dort muß abermals links abgebogen werden, um die Rundwanderung nach Sa Fábrica fortzusetzen. Zurück geht der Weg durch einen schmalen Galeriewald entlang des **Canal de Siurana**.

ACHTUNG: Der Besuch des Naturschutzgebietes ist mit einigen Auflagen verbunden. Es ist verboten von den Wegen abzuweichen sowie Pflanzen, Tiere und andere Gegenstände aus der Natur mitzunehmen.

Praktische Tips

Unterkunft und Verpflegung
Übernachtungs- und Verpflegungsmöglichkeiten bieten sich für jeden Anspruch in den benachbarten Urlaubszentren von Las Gaviotas, Ca'n Picafort und Playa de Alcúdia. Die heißen Sommermonate sollten jedoch wegen des Ferientourismus gemieden werden. Für den Besuch des Naturschutzgebietes empfiehlt es sich, einen Halbtagesproviant an Getränken und Speisen mitzunehmen, weil die ICONA-Station beim alten Fabrikgebäude von Sa Fábrica nur gelegentlich Erfrischungsgetränke führt.

Information
Informationsmaterial erhält man bei der Touristeninformation in Palma, während der Sommermonate bei der ICONA-Station von Sa Fábrica.

Reisezeit
Als beste Reisezeit sind die Monate Februar bis Mai und Oktober bis November zu empfehlen.

10 Cala Guyá und Cala Mesquida

Abwechslungsreiche Küstenlandschaft mit Aleppokiefernwäldern,
Felsküsten, Sandstränden und Dünengelände; im Hinterland Brachge-
biete und Kulturland mit artenreicher
Garrigue-Vegetation; leicht erreichbar von den benachbarten Badeorten.

Das Gebiet zwischen den beiden Buchten
Cala Guyá und Cala Mesquida ist vom Ferientourismus weitaus weniger berührt als
die benachbarte Südostküste mit den
großen Fremdenverkehrszentren. Die
leichte Zugänglichkeit und die feinsandigen Strandbuchten machen es zu einem
reizvollen Ausflugsziel. Mittlerweile verhindern strenge Baubeschränkungen eine
Ausdehnung der benachbarten Badeorte
Cala Ratjada und Cala Mesquida in das
Hinterland.

Entsprechend der geologischen Struktur
gehört die nordöstliche Region zur ältesten Mallorcas. Dies läßt sich aus den vielfältigen Gesteinsformationen schließen,
bei denen es sich wiederum ausschließlich um Sedimentgesteine von der Trias
bis zum Jungtertiär handelt, eine zeitliche
Spanne von vor etwa 10 Mio. bis 245 Mio.
Jahren. Die helle Farbe der Felsküsten
weist darauf hin, daß sich das Gestein
überwiegend aus kalkhaltigen Überresten
früherer Meeresbewohner gebildet hat,
bevor sich das Land während des Tertiärs
erstmals zu heben begann. Durch nachfolgende Auffaltungen bildete sich die fast
parallel zur Serra Tramuntana verlaufende
Serra Llevant. Nacheiszeitliche Überflutungen füllten das Tal zwischen Capdepera und Cala Mesquida mit fruchtbaren al-
luvialen Sedimenten. Sie trennten auch
den kleinen, im äußersten Nordosten gelegenen Bergzug mit dem 271 m hohen
Jaumell von der übrigen Serra de Llevant.

Sandstrände und Felsküsten verleihen der Cala Guyá ein abwechslungsreiches Landschaftsbild.

Pflanzen und Tiere

Will man die Farbenpracht der Dünenvegetation erleben, so sollten für einen Besuch die frühsommerlichen Monate gewählt werden. Dann breitet sich zwischen dem uns vertrauten Strandhafer ein Blütenteppich aus, mit gelben Farbtupfen von Meersenf, Pithyusen- und Strandwolfsmilch, durchmischt mit blau blühenden Stranddisteln, rosafarbenen Trichterblüten der Strandwinde und weißen, duftenden Blütenkronen der Dünen-Trichternarzisse. Zu den besonderen Raritäten gehören die Polster der Stacheligen Gänsedistel mit gelben margeritenähnlichen Blüten. Zwischen den Dünenstränden und Aleppokiefernwäldern, aber auch oberhalb des Kliffs vom Cap del Freu erstreckt sich eine Garrigue-Vegetation mit Mastixsträuchern, Zwergpalmen, Wildoliven und Zistrosen. Den größten geschlossenen Vegetationsbereich bildet jedoch der Aleppokiefernwald zwischen Cala Ratjada und Cala Mesquida. Man muß sich beim Anblick des Waldes erinnern, daß die Aleppokiefer ihre ursprüngliche Heimat im östlichen Mittelmeerraum hat und vermutlich erst während des frühen Mittelalters auf den Balearen eingeführt wurde! Mittlerweile gehören Aleppokiefernwälder zu den dominierenden Lebensgemeinschaften und sind aus dem Landschaftsbild der Inselgruppe nicht mehr wegzudenken. Das Unterholz besteht überwiegend aus den allgegenwärtigen Matixsträuchern, Schmalblättrigen Steinlinden und Vielblütiger Heide, die während der Winterzeit zu blühen beginnt.

Wirbeltiere der erwähnten Lebensräume sind vor allem durch die Vögel vertreten, da einheimische Großsäuger fehlen und nur wenige Reptilien nachgewiesen wurden. Aus der erhöhten Sichtposition der Steilküsten lassen sich Kolkraben, Krähenscharben und Weißkopfmöwen, seltener dagegen vom offenen Meer kommende Mittelmeer-Sturmtaucher beobachten.

Die Strauchnessel bevorzugt als Standort Garriguen und Waldränder.

Eine besondere Eigenheit der Küstenlandschaft ist der abrupte Wechsel zwischen Steilküsten und ausgedehnten Dünenabschnitten. Es sind vor allem starke Nordostwinde, die große Mengen von Sand zusammengetragen haben, der sich an Felswänden manchmal bis zu 50 m hoch angesammelt hat.

Mit einer durchschnittlichen Niederschlagsmenge von 300 mm im Jahr gehört der Nordosten Mallorcas zu den regenärmsten Regionen der Insel. Dies äußert sich in der natürlichen Vegetation mit überwiegend trockenresistenten Arten (s. S. 130). Sichtbarstes Beispiel dafür sind die ausgedehnten Aleppokiefenwälder und die küstennahen Garriguen.

Weißkopfmöwen ähneln Silbermöwen (beide Arten wurden bis vor wenigen Jahren nicht getrennt), besitzen aber gelbliche statt fleischfarbene Beine; von dieser Art zählt man auf den Balearen etwa 12 000 Brutpaare. Als Wintergäste gesellen sich noch Schwarzkopfmöwen und Heringsmöwen hinzu. Mit viel Glück bekommt man auch die Korallenmöwe (S. 110) zu Gesicht.

An der Felsküste brüten Felsentauben und Blaumerlen, in der Garrigue Samtkopfgrasmücken und in Seggenbülten Cistensänger. In den benachbarten Kiefernwäldern lebt eine Inselrasse des Fichtenkreuzschnabels; im Winterhalbjahr kann man auch Erlenzeisige sehen.

Die weiter binnenwärts gelegene Kulturlandschaft zwischen Cala Mesquida und Capdepera überrascht mit ihrer großen Zahl an wildlebenden Pflanzen- und Tierarten. Olivenhaine, Gruppen von Feigen- und Johannisbrotbäumen sowie Feldgehölze von Wildoliven und Mastixsträuchern (S. 79) bilden ideale Refugien für viele Kleintierarten. Besonders in den

Frühlingsmonaten erfreut der Nachtigallengesang aus den Hecken, begleitet von Sardengrasmücken, Rotkehlchen und Zaunkönigen. Wiedehopfe und Rothühner (S. 79) bevorzugen dagegen die offene Feldmark.

Auch die Steinmauern, bewachsen von Stechwinden, Stachelblättrigem Spargel und Brombeeren, bieten vielen Kleintieren Lebensraum. Während der sommerlichen Trockenheit erblickt man häufig ganze Gruppen von Schnecken der Gattungen *Helicella* und *Cepaea* an vertrockneten Pflanzenstengeln. Sie haben ihre Gehäuseeingänge mit einer verhärtenden Schleimschicht zugekittet, die sie vor Austrocknung schützt. Es ist erstaunlich, daß sie sich der sommerlichen Hitze ausset-

Die Pityusen-Wolfsmilch ist auch häufig an Stränden anzutreffen.

Zwergpalmen, Mastixsträucher und Wild-
oliven

An den Garriguen der Flachregionen
beteiligen sich ganz wesentlich Zwergpalmen, Mastixsträucher und Wildoliven. Die beiden letztgenannten Arten
bilden häufig auch dichtes Unterholz in
Aleppokiefern- und Steineichenwäldern. Alle drei Arten widerstehen längeren Trockenzeiten durch eine verdunstungshemmende Epidermis und
tiefreichende Wurzeln.
Die **Zwergpalme** *(Chamaerops humilis;*
span.: Palmito; mallorquinisch: Gar-
baió)* hat als einzige Palmenart ihr
natürliches Verbreitungsgebiet im mediterranen Europa. Sie gehört zwar zu den
Fächerpalmen, bildet aber nur gelegent-

Die Wildolive bevorzugt ebenso wie die Kulturform
trockene Kalkböden.

Die Zwergpalme – auf Mallorca weit verbreitet, selten aber Stämme bildend.

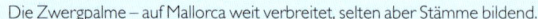

lich Stämme mit einer maximalen Höhe von 5 m, beispielsweise in den Gärten von Alfabia bei Bunyola oder in der Region von Canyamel (Mallorca). Zwergpalmen bevorzugen Trockengebiete und sind daher im südwestlichen und nordöstlichen Teil Mallorcas am häufigsten anzutreffen. Ihre Blattfasern wurden in früheren Zeiten zur Herstellung von Matten, Körben und für Stuhlbespannungen verwendet.

Der **Mastixstrauch** (*Pistacia lentiscus*; span.: Lentisco; mallorquinisch: Mata Llentisquera) ist recht anspruchslos hinsichtlich seiner Standortwahl. Als häufigste Wildstrauchart der Balearen gedeiht er fast überall, wo es nicht allzu feucht ist und kommt sogar in größeren Höhen vor. Normalerweise erreicht er nur Größen von 1 – 1,5 m, 3 – 4 m große Exemplare sind eher die Ausnahme. Seine paarig gefiederten Blätter sind immergrün. Aus den unscheinbaren Blütenständen entwickeln sich im Herbst 3 – 4 mm große leuchtend rote Beeren. Früher hatte der Mastixstrauch große Bedeutung, weil man aus seiner Rinde Harz für die Herstellung von Arzneien und Wundverbänden gewann.

Die **Wildolive** (*Olea europaea* var. *sylvestris*; span.: Acebuche; mallorquinisch: Ullastre) ist wahrscheinlich die Stammform des Olivenbaumes (s.auch S.56) und überall im Mittelmeerraum anzutreffen. Auch sie begnügt sich mit kargen Böden und überdauert unbeschadet mehrmonatige Trockenperioden. Im Unterschied zur Kulturform ähnelt sie mehr einem großen Strauch und besitzt dornige Zweige mit wesentlich kleineren Blättern. Die kleinen schwarzen Steinfrüchte schmecken bitter und erreichen nicht annähernd den Ölgehalt der Speiseolive.

zen, anstatt schattige Quartiere zu wählen. Bis in den Hochsommer hinein läßt sich auch tagsüber Grillengesang vernehmen. Man muß sich an die scheuen Sänger sehr ruhig heranpirschen, um festzustellen, ob es Feldgrillen oder die häufigeren Zweifleckgrillen sind. Mit einer grünen Tarnfarbe schützt sich die Nasenschrecke vor ihren Feinden, die meist nur durch Zufall im Laubwerk der Hecken zu entdecken ist.

Im Gebiet unterwegs

Das Gebiet zwischen der Cala Guyá und der Cala Mesquida ist durch zahlreiche Wanderwege gut erschlossen. Mit dem Wagen fährt man von Palma zunächst die PM 715 bis nach Cala Ratjada ① und dann noch etwa 2 km weiter zur Cala Guyá, wo sich Parkplätze befinden ②. Außerdem gibt es tägliche Busverbindungen zwischen Palma und Cala Ratjada. Bei einer Streckenwanderung von Cala Ratjada über Cala Mesquida nach Capdepera kann man mit der gleichen Buslinie nach Palma zurückfahren.

Fällt die Wahl auf **Cala Ratjada** ① als Ausgangspunkt, passiert man zunächst den malerischen Sandstrand von **Cala Guyá** mit seinem sommerlichen Badebetrieb. Hinter der kleinen Felshalbinsel **Punta de Gulló** wird es dann ruhiger, und der Wanderweg ③ führt nun in eine interessante Macchienvegetation mit Mastixsträuchern, Zwergpalmen und Zistrosen. Bald findet man Schatten in einem Aleppokiefernwald. Etwa auf halber Strecke nach Cala Mesquida biegt ein Weg rechts ab ④ zum 271 m hohen **Jaumell** mit der Ruine eines alten Wachturms ⑤. Etwa 1 km vor Cala Mesquida weicht der Wald allmählich zurück und gibt den Blick auf eine der schönsten Küstenlandschaften Mallorcas frei. An sonnigen Tagen zeigt sich das Meer tiefblau, umrahmt vom Dunkelgrün der Aleppokiefern. Nun werden auch

Erst während der Sommermonate sprießen die prachtvollen Blüten der Dünen-Trichternarzisse aus dem Sand der Strände.

Felskliffs aus Schichtgestein mit interessanten Verwerfungen sichtbar. Linkerhand taucht nicht nur die feinsandige Bucht von **Cala Mesquida** auf ⑥, sondern dahinter auch eine der eingangs erwähnten Hangdünen.

Die gleichnamige Feriensiedlung lädt in Restaurants zu einer Erfrischungspause ein, bevor der letzte Abschnitt der Wanderung durch eine schöne Kulturlandschaft nach **Capdepera** folgt. Dieser kleine Ort wird von einem mächtigen, weit sichtbaren Kastell ⑦ beherrscht. Die Gründungsgeschichte geht bis in die Römerzeit zurück. Im 13. Jh. wurde die Anlage unter König Jaume II. zum Schutz gegen arabische Piraten als uneinnehmbare Festung ausgebaut. Ein Besuch lohnt, um die größtenteils noch gut erhaltenen Wehranlagen zu bestaunen, aber auch den schönen Rundblick bis zu den Buchten von Cala Ratjada und Cala Mesquida zu genießen.

Die seltene Immortelle *Helichrysum rupestre* wächst an rauhen Felsküsten.

11 Schutzgebiet Es Trenc/Salobrar de Campos

Neben der S'Albufera das größte noch existierende Feuchtgebiet Mallorcas; interessante Synthese zwischen Natur- und Kulturlandschaft (nicht mehr genutzte Salzteiche); großes Vogelschutzgebiet mit bisher 171 registrierten Arten; große Vielfalt an Biotopen: Dünen, Salzsümpfe, Aleppokiefernwälder.

Das 1500 ha große Naturschutzgebiet von Es Trenc/Salobrar de Campos liegt im Südosten Mallorcas zwischen Campos, Sa Rápita und Colonia de Sant Jordi. Es umfaßt in seinem zentralen Teil mehrere Dutzend Salzteiche, die bis auf wenige im östlichen Bereich nicht mehr genutzt werden. Im Nordosten schließen sich ausgedehnte Sumpfniederungen mit üppigem Schilfbestand an. Der westliche Teil grenzt an die ausgedehnten Sandstrände

von Es Trenc. Die abwechslungsreichen Lebensräume mit angrenzenden Stränden machen das Naturschutzgebiet Es Trenc/Salobrar de Campos zu einem der reizvollsten Ausflugsziele Mallorcas.

Die Entstehungsgeschichte reicht 13 Mio. Jahre zurück, als sich während des Miozäns das östliche Flachland Mallorcas über den Meeresspiegel zu heben begann. Danach folgten mehrere Überflutungen, die Sedimente mit marinen Fossilien hinterließen. Eingelagerte Steinkorallen weisen darauf hin, daß damals tropisches Klima herrschte und Mallorca von ausgedehnten Korallenriffen umgeben war. Tertiäres Sedimentgestein tritt vor allem bei Ses Covetes und Colonia de Sant Jordi zutage. Das heutige Feuchtgebiet besteht aus jüngeren Schwemmböden, die sich wäh- rend der letzten 3 Mio. Jahre abgelagert haben.

Ursprünglich schlossen sich hinter dem Strand Lagunengewässer an, hinter denen

Die Salínas de Llevant, eine vom Menschen geschaffene Landschaft, im Hintergrund eine Salzhalde.

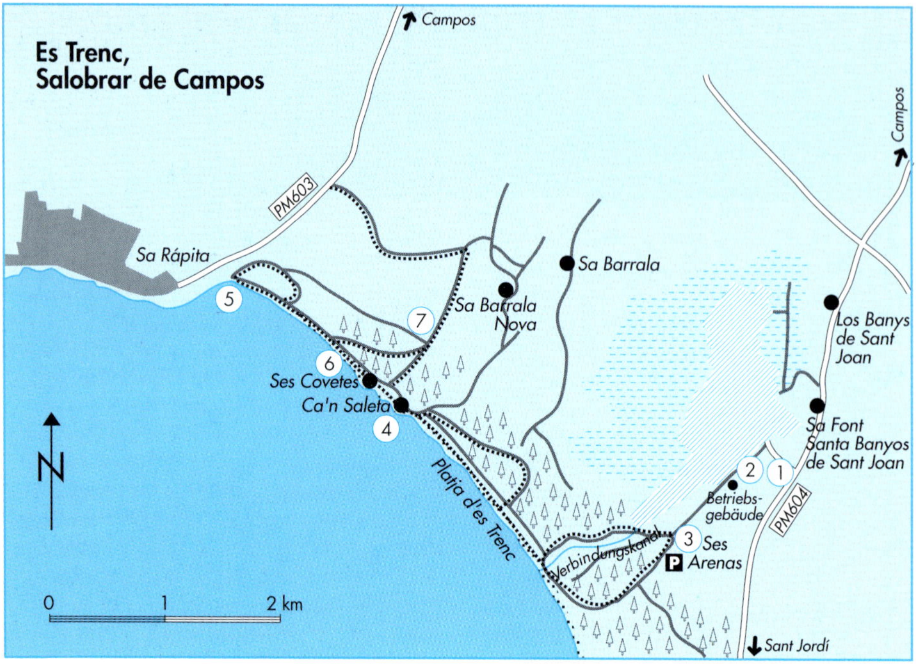

Es Trenc, Salobrar de Campos

Campos

Campos

PM603

Sa Rápita

Sa Barrala

Sa Barrala Nova

5

7

Los Banys de Sant Joan

6

Ses Covetes

Ca'n Saleta

4

N

Platja d'es Trenc

Sa Font Santa Banyos de Sant Joan

2 1

Betriebs-gebäude

PM604

Verbindungskanal

3 Ses Arenas
P

0   1   2 km

Sant Jordí

sich weiter binnenwärts Sumpfniederungen ausbreiteten. Durch Infiltration von Meerwasser bildete sich bei dem ariden Klima in den strandnahen Lagunen eine hochkonzentrierte **Salzlake**, aus der während der Sommermonate Salz auskristallisierte. Schon im 4. Jh. n. Chr. nutzten die Römer diese Lagunen zur Salzgewinnung.

Die industrielle Salzgewinnung begann aber erst im Jahre 1850 mit der Gründung der »Empresa Salinas de Levante«. Nach und nach wurden die heute noch existierenden etwa 250 x 250 m großen Salzteiche angelegt mit einer Gesamtfläche von 100 ha. Der noch vorhandene Verbindungskanal versorgt auch jetzt noch die verbliebenen Teiche mit Meerwasser. Heute dienen nur noch einige östlich gelegene Teiche zur Salzgewinnung, in denen das auskristallisierte Salz abgebaut und neben der Chaussee nach Sant Jordí als weithin sichtbare Halde gelagert wird. Die benachbarten Gebiete werden landwirtschaftlich genutzt. Dazu ist bei dem niederschlagsarmen Klima eine künstliche

◁ Der Seeregenpfeifer gehört zu den häufigsten Brutvogelarten der Salinen von Es Trenc.

Die Kantabrische Winde wächst als Unkraut auf den benach-▷ barten Feldern und an Wegrändern.

Bewässerung nötig. Früher geschah dies durch Pumpen, die mit den für Mallorca so typischen Windrädern angetrieben wurden. Leider übernehmen immer mehr Motorpumpen die Arbeit, und von den früher 557 gezählten Windrädern existieren nur noch wenige Dutzend.

Im Jahre 1984 wurde das 1 500 ha große Gebiet von Es Trenc/Salobrar de Campos unter Naturschutz gestellt, allerdings mit einer Ausnahmregelung für die Salzgewinnung. Diese Schutzmaßnahme wurde dringend notwendig, weil die benachbarten Urlaubszentren von Sant Jordí und Sa Rápita sich auf das heutige Naturschutzgebiet auszudehnen drohten. Seitdem gehört das Gebiet mit seiner Vielfalt an Biotopen zu den interessantesten der Balearen.

Pflanzen und Tiere

Das weite Spektrum unterschiedlicher Lebensräume innerhalb des Naturschutzgebietes erklärt die Vielzahl auf den Balearen sonst seltener Pflanzen- und Tierarten. Dies gilt vor allem für die ausgedehnten Feucht- und Brackwassergebiete. Ja nach Salzgehalt unterscheiden sich auch die Pflanzengesellschaften.

An den Ufern der **Salzteiche** und entlang der Dämme hat sich eine interessante Gesellschaft salzliebender Pflanzen (Halo-

Auf Brachflächen und an Wegrändern siedelt sich gern die Gewelltblättrige Königskerze an.

phyten) angesiedelt. Dazu gehört der Strauchqueller, der Gewöhnliche Queller und das Strauchige Salzkraut. Etwas weiter von der Uferzone entfernt gesellen sich die lichten Büsche der Afrikanischen Tamariske und der Strandsode hinzu. Die meisten der genannten Arten haben sich durch Sukkulenz (Queller) oder Reduzierung der Blattoberfläche (Tamariske) der starken Sonneneinstrahlung und sommerlichen Trockenheit gut angepaßt (s. auch S.130). Erwähnenswert ist in diesem Zusammenhang auch, daß der Queller früher zur Sodagewinnung genutzt wurde, das wiederum zur Herstellung von Seife diente.

Dem Leben in der hochkonzentrierten Salzlake haben sich nur wenige Organismen anpassen können. Dazu gehört eine Bakterienart der Gattung *Halobacterium*,

Der Pfriemenginster, unverkennbar die nahe Verwandtschaft zu unserem Besenginster.

Die Afrikanische Tamariske, ein häufiger Strauch in Ufernähe von Salzteichen und Lagunen.

Weißliche Zistrose; ihr Name nimmt Bezug auf die weißfilzigen Blätter.

Weißfilziges Greiskraut – bei uns als Zierpflanze bekannt, auf den Balearen an Küstenfelsen und Stränden wild wachsend.

Der Stechwacholder gehört an vielen Stellen zur Dünenvegetation.

Zu den bevorzugten Lebensräumen der Europäischen Wander-
heuschrecke gehört das dünenreiche Gelände der Platja d´es
Trenc.

Stelzenläufer – Brutvogel im Feuchtgebiet der Salinen.

Nur die Männchen des Nashornkäfers tragen den namensgebenden Kopffortsatz.

die bei Massenentfaltung zur Rotfärbung des Wassers führt. Von diesen Mikroorganismen ernährt sich das etwa 7 mm große Salzkrebschen (*Artemia salina*), das Salzkonzentrationen bis zu 30% tolerieren kann. Von dem Nahrungsreichtum profitieren besonders Stelzenläufer, Säbelschnäbler und Löffelenten. Auch Pfeifenten kommen regelmäßig vor. Während der Herbst- und Wintermonate gesellen sich des öfteren Flamingos hinzu.

Die westlich angrenzenden **Sumpfniederungen** mit ausgedehnten Schilfbeständen sind ein wahres Paradies für Teichrohrsänger, Mariskensänger und den seltenen Drosselrohrsänger, für Bläßhühner sowie für Grau- und Seidenreiher. Hier haben Rohr- und Kornweihen ihre Jagdgründe. Zwischen den Feuchtgebieten und dem Dünengürtel ersteckt sich ein **Waldstreifen** von Aleppokiefern, durchmischt mit Phoenizischem Wacholder, Wildoliven, Mastixsträuchern und Vielblütiger Heide. Diesem Waldstreifen schließt sich an vielen Stellen die **Garrigue** an, eine Pflanzengesellschaft, bei der meist Strauchgewächse dominieren. Dort trifft man neben den bereits erwähnten Mastixsträuchern und der Baumheide verschiedene Zistrosenarten, Rosmarin und Schmalblättrige Steinlinden an. Beide Bereiche sind wiederum beliebte Brutplätze für zahlreiche Kleinvogelarten wie Stieglitze, Samtkopfgrasmücken und Schwarzkehlchen. Hier kann man auch Wiedehopfe und die farbenprächtigen Bienenfresser beobachten, deren Brutplätze aber an sandigen Steilhängen liegen, wo sie lange Gänge graben.

Auch bei den stillgelegten Salzteichen kristallisiert Meersalz an den Ufern aus.

11 Schutzgebiet Es Trenc/Salobrar de Campos

Auch Wildkaninchen, Waldmäuse, Gartenschläfer und Wanderigel gehören zu den Bewohnern des Unterholzes. Unüberhörbar ist an heißen Sommertagen das Konzert der Singzikaden. Auf offenen Salzflächen brüten Kurzzehenlerchen. Nach Durchqueren des Waldgürtels erreicht man eine **Dünenlandschaft**, die in ihrer Unberührtheit einmalig für Mallorca sein dürfte. Insbesondere an Frühsommertagen bietet sich ein besonders prächtiges Bild, wenn die Dünen von blühenden Pflanzen übersät sind. Stranddistel, Dünen-Trichternarzisse, Geißkleeartiger Hornklee, Geflügelter Strandflieder, Ausdauernder Strandstern mit gelben margeritenähnlichen Blüten und Pityusen-Wolfsmilch gehören zu den besonders farbenprächtigen Gewächsen. Seltener anzutreffen ist das Leimkraut *Silene sericea*, das hier als endemische Unterart (var. *balearica*) verbreitet ist. Auf den Dünen haben sich Bestände des Strandhafers angesiedelt, die an vielen Stellen das Weiterwandern der Dünen verhindern.

Weniger augenfällig ist die Strandfauna, der vor allem Wirbellose angehören, beispielsweise der endemische Balearen-Rüsselkäfer, der unserem Maikäfer verwandte Walker, die Wüstenheuschrecke, die Dickfußschrecke und die braungelb gefärbte Wespenspinne mit ihren Radnetzen. Vom Strand aus lohnt es sich, Ausschau nach Krähenscharben, Seeregenpfeifern oder nach der seltenen Korallenmöwe zu halten, die sich durch ihren roten Schnabel mit schwarzer Querbinde von anderen Möwenarten unterscheidet.

Wesentlich kleinräumiger sind die Lebensräume des **Felslitorals**, das bei Ca'n Saleta am besten ausgeprägt ist. Den wechselnden Wasserständen in der Brandungszone haben sich Napfschnecken, Käferschnecken und Seepocken durch die Bildung von Kalkgehäusen angepaßt, die den Organismus vor dem Austrocknen schützen. Ein Blick lohnt sich auch auf

Halophyten: salzliebende Pflanzen

»Halophyt« geht auf den lateinischen Begriff »halophilus« zurück, was übersetzt »salzliebend« bedeutet. Allen Halophyten ist eine große Salztoleranz gemeinsam. Sie besiedeln also Lebensräume, deren Böden einen hohen Salzgehalt bei meist hoher Feuchtigkeit aufweisen. Diese Standorte findet man üblicherweise in der Nähe von Meeresküsten, Lagunen oder stark salzhaltigen Binnengewässern. Fast allen Halophyten ist eine Salzresistenz des Zellplasmas durch Aufnahme und Anreicherung von Salzen im Zellsaft gemeinsam. Auch aktive Salzausscheidung über Drüsen ist bei manchen Salzpflanzen bekannt. Je nach Salzbeschaffenheit unterscheidet man Chloridhalophyten, Alkalihalophyten und Sulfathalophyten. Die erstgenannte Gruppe bindet größere Mengen von Natriumchlorid an sich, was zu einer Vergrößerung der Zellen durch die Quellwirkung der Chlorionen und als Folge zur Sukkulenz führt. Ähnlich verhält es sich bei den Alkalihalophyten, die ebenfalls Dickfleischigkeit aufweisen. Anders aber bei den Sulfathalophyten: Hier besitzen die Sulfationen einen entquellenden Effekt, die einer Sukkulenz entgegenwirken. Der Anteil löslicher Salze an der Trockensubstanz von Halophyten kann bis zu 35% betragen!

den **Spülsaum** entlang der Sandstrände. Besonders auffällig sind die bereits in der Einführung erwähnten Neptunsbälle aus Seegrasresten. Im Spülgut finden sich neben Muschel- und Meeresschneckenschalen auch die zierlichen Skelette von Hornkorallen, Reste von Seeigeln sowie Meersalat.

Der Frankenie mit ihrem Zwergwuchs sieht man nicht an, daß sie zu den Halbsträuchern gehört.

Im Gebiet unterwegs

Von Palma gibt es während der Sommermonate über Campos tägliche Busverbindungen nach Sant Jordí und Sa Rápita. Mit dem Wagen erreicht man ebenfalls von Palma über die C 717 zunächst den Ort Campos und von dort Sa Rápita über die PMV 604. Eine weitere Straße zweigt hinter Campos nach Sant Jordí ab.

Ausgangspunkt der ersten beiden Wanderungen sollte der Parkplatz **Ses Arenas** ③ sein. Aber schon während der Anfahrt von der Chaussee nach **Sant Jordí** ① lohnt sich für die Autofahrer ein Zwischenstopp bei den rechts liegenden Salzteichen ②, von denen noch einige in Betrieb sind. Von hier aus lockt auch ein Abstecher entlang der Dämme durch das Salinengelände, der aber eine Erlaubnis beim Personal der benachbarten Salzaufbereitungsanlage voraussetzt. Ein Besuch sollte während der Brutmonate Februar bis Juni unbedingt vermieden werden.

Vom Parkplatz führt die Wanderung Nr. 1 zunächst entlang des Kiefernwaldes, bevor der Weg nach links in den Wald schwenkt und dann parallel des Verbindungskanales zum Strand führt. In einigen Restaurants kann man Erfrischungsgetränke und

Schnellgerichte erhalten. Diese kleine Rundwanderung kann man durch ein Erfrischungsbad an dem feinsandigen Strand unterbrechen und zum benachbarten **Sant Jordí** fortsetzen, wo Reste einer alten punischen Siedlung ausgegraben worden sind. Im Yachthafen von Sant Jordí ist die Wahrscheinlichkeit groß, Korallenmöwen zu sehen. Auch Krähenscharben und Brandseeschwalben gibt es in der Umgebung.

Wanderung Nr. 2 beginnt auf dem gleichen Parkplatz, wendet sich dann aber mit Blick zur Küste nach rechts den Strand entlang. Bei **Ca´n Saleta** lohnt ein Abstecher zum Felslitoral, um anschließend den Rückweg durch die Dünen zum Ausgangspunkt zu wählen.

Für Wanderung Nr. 3 eignet sich als Ausgangspunkt am besten der Yachthafen von **Sa Rápita**. Von dort führt der Weg wieder am Strand entlang bis **Ses Covetes**, wo ein links abbiegender Fahrweg das Dünengelände und den anschließenden Kiefernwald durchquert. Links befinden sich Sandgruben, die in den sechziger Jahren für den Bau der benachbarten Feriensiedlungen angelegt wurden und heute zum Naturschutzgebiet gehören. Nach Umrundung der Sandgruben befindet man sich wieder im Dünengelände und wandert zunächst den gleichen Weg zurück. Etwa 1 km vor Sa Rápita lohnt sich ein Umweg, abermals durch das Dünengelände, um dann während des Sommers meist ausgetrocknete Lagunen zu passieren. Durch Garriguen, Felder und Weiden führt der Weg zum Ausgangspunkt zurück.

Praktische Tips

In Sa Rápita und Sant Jordí gibt es zwar zahlreiche Unterkunftsmöglichkeiten, die aber während der Sommersaison meist von Reiseveranstaltern belegt sind. Eine rechtzeitige Buchung vor Beginn der Reise ist daher zu empfehlen. Einen Imbiß und Getränke erhält man in einfachen Strandlokalen nahe beim Parkplatz Ses Arenas.

12 Isla Cabrera

Kleine Inselgruppe südlich von Mallorca, stark gegliedert durch Buchten; größtenteils aus Kalkgestein bestehend, daher weitgehend verkarstet und mit Garrigue-Vegetation bewachsen; interessante Seevogelkolonien; gute Tauchmöglichkeiten.

Etwas abseits vom Tourismus liegt die Insel **Cabrera** mit ihrer kleineren Nachbarinsel **Conejera** und zahlreichen Felseilanden. Der gesamte Archipel umfaßt eine Fläche von knapp 20 km² und liegt etwa

17 km südwestlich von Cabo Salinas, Mallorcas südlichster Spitze. Cabrera, die Hauptinsel dieser Inselgruppe, besitzt eine Fläche von 17 km² und erhielt ihren Namen »Capraria« bereits unter den Römern (lat. »Capra« = Ziege) nach den heute dort immer noch verwildert lebenden Ziegen. Durch ihren permanenten Verbiß sorgen sie für das fast baumlose Erscheinungsbild. Hinzu kommt, daß die ohnehin geringen Niederschläge rasch im Untergrund aus porösem Kalkgestein versickern. Dementsprechend xeromorph (an Trokkenheit angepaßt) ist die Flora, die als Garrigue aus niedrigem Buschwerk ausgebildet ist.

Steile Abhänge und Felsbuchten formen die Küsten der Isla Cabrera und ihrer Nachbarinseln.

Erst im Spätsommer sprießen die meterhohen Blütenkerzen der Meerzwiebel aus dem kargen Boden.

Aus geologischer Sicht bildet die Inselgruppe vermutlich eine Fortsetzung der Serra Llevant, dem östlichen Bergzug auf der Nachbarinsel Mallorca, worauf Übereinstimmungen in der Morphologie, das Alter und die Zusammensetzung des Gesteins hinweisen. Ähnlich wie zwischen Ibiza und Formentera wurde nach den letzten Eiszeiten die Landverbindung durch den Anstieg des Meeresspiegels überflutet.

An die frühere strategische Bedeutung von Cabrera erinnert die Anwesenheit einer kleinen Garnison, so daß immer noch große Teile der Insel militärisches Sperrgebiet sind. Trotzdem ist ein Besuch dieser Insel zu empfehlen, weil dort in den klippenreichen Gewässern zahlreiche Seevogelarten nisten.

Pflanzen und Tiere

Die bereits geschilderte Insellandschaft läßt keine üppige Vegetation erwarten. Abgesehen von vereinzelten Aleppokiefern überragt das zu den Doldengewächsen gehörende Gewöhnliche Rutenkraut mit einer Wuchshöhe bis 3,5 m alle anderen vorkommenden Pflanzenarten. Zur Garrigue-Vegetation gehören vor allem Mastixsträucher (S. 79), Rosmarin (S. 45) und Poliei-Gamander (mit der Unterart *pii-fontii*), dessen weiß-rötliche Lippenblüten und weißfilzige Blätter typische Artmerkmale sind. Weit verbreitet ist auch der Kleinfrüchtige Affodill (S. 37), der an Boden und Feuchtigkeit nur geringe Ansprüche stellt.

Weniger häufig ist die nah verwandte und ebenso anspruchslose Meerzwiebel. Im

Die großen Zwiebeln der Meerzwiebel ragen oft aus dem Boden heraus.

Isla Cabrera

Schiffsverbindung Sant Jordi, Palma

alte Festung

Puerto de Cabrera

Puig de Picamoscas 172 m

Punta de Anciola

I. La Teula

I. Redona

Cap Ventós

Caseria

I. Cabrera

I. Imperial

N

0   1   2 km

Gegensatz zum Kleinfrüchtigen Affodill treibt sie aber erst im Frühherbst ihre bis 1,5 m hohen weißgelben Blütenkerzen aus. In unmittelbarer Küstennähe gedeiht das an seinem schachtelhalmähnlichen Wuchs leicht erkennbare Gewöhnliche Meerträubel. An seinen ährenförmigen Blütenständen läßt sich der violett blühende Strandflieder leicht erkennen. Häufig werden seine getrockneten Blüten für Blumengebinde verwendet.

Von der bodenlebenden Landfauna verdienen vor allem die zahlreich vorkommenden Eidechsen Erwähnung. Es sind ausschließlich Pityusen-Eidechsen, die sonst nur auf Ibiza, Formentera und den vorgelagerten Eilanden verbreitet sind. Von den bisher 20 beschriebenen Unterarten leben 3 auf dieser Insel. Allerdings gibt es Zweifel, ob es sich tatsächlich um endemische Formen handelt oder um eingeführte. Als weitere Reptilienart ist noch der Europäische Halbfingergecko zu nennen.

Mit mehr Arten sind Vögel vertreten, ob als Dauerbewohner, Sommergäste oder Durchzügler. Unter den letzteren sind Flamingos, Weißstörche und Pirole beobachtet worden. In den Garriguen halten sich vorzugsweise Kleinvogelarten auf, darunter recht häufig Stieglitze und Girlitze. Die amselgroße Blaumerle bevorzugt dagegen die felsige Küstenregion. Die größtenteils freie Sicht erleichtert auch das Beobachten von Greifvögeln, von denen

Die Korallenmöwe

Die Korallenmöwe unterscheidet sich von den übrigen Möwenarten durch ihren korallenroten Schnabel mit schwarzer Querbinde, was namensgebend für diese Art war. Mit einer Körperlänge von etwa 50 cm steht sie größenmäßig zwischen der Lach- und Weißkopfmöwe, unterscheidet sich aber durch ihre dunkelgrauen Füße. In der Literatur wird sie oft als seltenste Möwenart beschrieben. Die tatsächliche Populationsgröße ist schwer zu schätzen, weil die Korallenmöwe keine festen Nistplätze hat. Man schätzt die Bestandsstärke inzwischen auf über 12000 Paare; ihre Brutgebiete sind ausschließlich auf das Mittelmeergebiet beschränkt.

Die Korallenmöwe wurde mittlerweile von der International Union for Nature Conservation (IUCN) als stark bedrohte Art eingestuft und wird seitdem streng geschützt. Mittlerweile sind die meist leicht zugänglichen Brutplätze vor Eiersammlern und anderen Störenfrieden sicher, und man vermutet, daß die Zahl der Korallenmöwen wieder größer geworden ist. Ein wichtiges Schutzgebiet befindet sich auf der Isla Cabrera und den benachbarten Eilanden.

Im Gegensatz zur weit verbreiteten Weißkopfmöwe ist die Korallenmöwe weniger anpassungsfähig und meidet Häfen. Sie bevorzugt buchtenreiche Felsküsten, wie man sie im Norden und Südosten Mallorcas oder im Norden von Ibiza und Menorca findet.

Kennzeichen der Korallenmöwe ist der rote Schnabel mit
schwarzer Querbinde.

vor allem Turm-, Wander- und Eleonorenfalken zu nennen sind. Letztere haben sogar Brutplätze auf den vorgelagerten Felseilanden. Auch Fischadler lassen sich bei der Jagd in den umgebenden
Gewässern des öfteren beobachten und
brüten sogar hin und wieder auf dem Archipel.
Aufmerksamkeit sollte man auch den Seevögeln widmen. Auf den umgebenden
Eilanden gibt es größere Brutkolonien von
Mittelmeer-Sturmtauchern, Sturmschwal-
ben und Weißkopfmöwen. Besonders her-
vorzuheben ist das Vorkommen der Korallenmöwe, die sogar auf einigen der
vorgelagerten Inseln brütet.

Im Gebiet unterwegs

Auf der etwa 7 x 5 km großen Hauptinsel
gibt es kaum Orientierungsschwierigkei-
ten. Leider sind, wie schon einleitend erwähnt, große Teile als militärisches Sperrgebiet unzugänglich. Unterkünfte sucht
man vergeblich, ebenso Einkehrmöglich-
keiten, wenn man von einem Imbißstand
am Hafen absieht. Badegelegenheiten bieten sich in Hafennähe und Ganduf an der
Norküste. Bei einer Inselwanderung empfiehlt sich auch der Besuch einer verfalle-
nen Festung und eines Leuchtturms auf
der Halbinsel **Punta Anciola**. Während der
Sommermonate werden Bootsfahrten zur
nördlich vom Hafen gelegenen **Cova Blanca** angeboten, einer Grotte, die nur vom
Wasser aus erreichbar ist. Schiffsverbindungen gibt es von Sant Jordí und
Palma.

◁ Die amselgroße Blaumerle sitzt gern auf sonnen-
  beschienenen Felsen.

Die Nordküste Menorcas ist durch tiefeingeschnittene Fels- ▷
buchten stark gegliedert.

Menorca

Mit einer Fläche von 689 km^2 ist Menorca die zweitgrößte Insel der Balearen. Trotzdem rangiert ihr touristischer Stellenwert weit hinter den beiden Schwesterinseln Mallorca und Ibiza. Dies verdankt Menorca einer weit behutsameren Entwicklung des Tourismus ohne wesentliche Eingriffe in naturnahe Lebensräume. Badestrände und Unterhaltung locken die Touristen hier weniger an als mediterrane Randkulturen mit eindrucksvollen archäologischen Stätten. Doch auch Naturfreunde kommen voll auf ihre Kosten, denn die abwechslungsreiche Topographie der Insel mit ihren fjordartigen Buchten bietet Lebensraum für eine artenreiche Flora. Bemerkenswert sind neben Aleppokiefernwäldern auch größere Bestände von Steineichen, die man sonst nur auf Mallorca antrifft.

Trotz der geographischen Nähe zu Mallorca steht Menorca geologisch in engerer Beziehung zu Korsika, worauf gemeinsame Gesteinsformationen hinweisen wie kristalline Schiefer und Tiefengesteine. Mehr als auf den benachbarten Inseln wurden die Gebirge durch Erosionskräfte abgetragen, und so erhebt sich die hügelige Landschaft an ihrer höchsten Stelle mit dem **Puig del Toro** nur 358 m über dem Meeresspiegel.

Praktische Tips

Anreise
Im Gegensatz zur Nachbarinsel Mallorca ist die Zahl preiswerter Charterflüge gering. Bei Linienflügen muß auf dem Flughafen von Palma die Maschine gewechselt werden. Der Zielflughafen liegt nur wenige Kilometer von der Inselhauptstadt Maó entfernt.
Für den Verkehr gilt das gleiche wie für Mallorca (s.S.35).

Unterkunft
Problematischer als auf den Nachbarinseln kann die Suche auf Menorca nach einer Bleibe werden. Während der Sommersaison sind meistens alle Unterkünfte ausgebucht, so daß eine rechtzeitige Reservierung empfohlen wird. In der übrigen Zeit muß damit gerechnet werden, daß viele Hotels geschlossen haben.

13 Albufera d´es Grau (Menorca)

Eines der größten Feuchtgebiete der Balearen, umgeben von vielfältigen Biotopen wie Strand- und Felslitoral, Macchien, Busch- und Kiefernwäldern; gute Beobachtungsmöglichkeiten für Greif- und Wasservögel.

Das ausgedehnte, 3190 ha große Naturschutzgebiet der Albufera d´es Grau erstreckt sich entlang der buchtenreichen Nordostküste Menorcas. Es umfaßt die vorgelagerte Insel Illa d´En Colóm und die Lagune La Albufera. Binnenwärts dehnt sich das Areal bis zur Chaussee PM 710 aus. Als einzige größere Siedlung ist das Fischerdorf Es Grau an der gleichnamigen Bucht zu erwähnen. Die kleinen, durch Felsvorsprünge isolierten Strände liegen entlang der fjordartigen Küste und werden gern von Wochenendtouristen aus der benachbarten Inselhauptstadt Maó aufgesucht. Ermutigt durch den Touristenboom auf den benachbarten Inseln wurde in den siebziger Jahren durch Bodenspekulanten das Urbanisationsprojekt Shangri La in Angriff genommen, aber glücklicherweise

nie vollendet. Am Südufer der Lagune wirken heutzutage die Erschließungsarbeiten des fehlgeschlagenen Bauprojektes wie häßliche Narben in der Landschaft. 1986 wurde die Albufera d´es Grau mit ihren benachbarten Gebieten zum Naturschutzgebiet erklärt. Auf dem Gelände befinden sich aber noch einige für Menorca typische Gehöfte mit flachgedeckten Wohn- und Wirtschaftsgebäuden.

Im großen und ganzen handelt es sich um ein flachhügeliges Gebiet mit Höhen zwischen 30 und 65 m. Diese Topographie entstand, als die flacheren Regionen der Balearen während des Miozäns (vor 24 bis 5 Mio. Jahren) überflutet waren und sich kalkhaltige Sedimente ablagerten. Bei späteren nacheiszeitlichen Überschwemmungen lagerten sich Tonsidimente und Sande ab. So ist die Illa d´En Colóm beispielsweise zum großen Teil aus fossilen Dünen geformt. Die etwa 67 ha große Lagune selbst ist vermutlich aus überfluteten Torrents (Erosionstäler) entstanden und besitzt ei-ne Länge von 1750 m, die Breite schwankt zwischen 150 und 460 m. Ein schmaler Zufluß, Sa Gola genannt, bildet eine Verbindung zum Meer, so daß auch die Lagune salzhaltiges Wasser besitzt. Im Nordwesten schließt sich ein größeres Feuchtgebiet an, das periodisch während der herbstlichen Regenzeit überschwemmt wird.

Die 559 ha große Insel **Illa d'En Colóm** liegt nur etwa 200 m von der Küste entfernt und erreicht maximal 43 m Höhe. Sie fällt bis auf die beiden kleinen Strände el Arenal D´En Moro und Platja de S´illa nach allen Seiten steil ab.

◁ Zu den zahlreichen Überwinterern der Albufera d´es Grau gehört auch die Spießente.

Die vielfältigen Lebensräume der Albufera d´es Grau kommen ▷ auf diesem Landschaftsfoto gut zum Ausdruck.

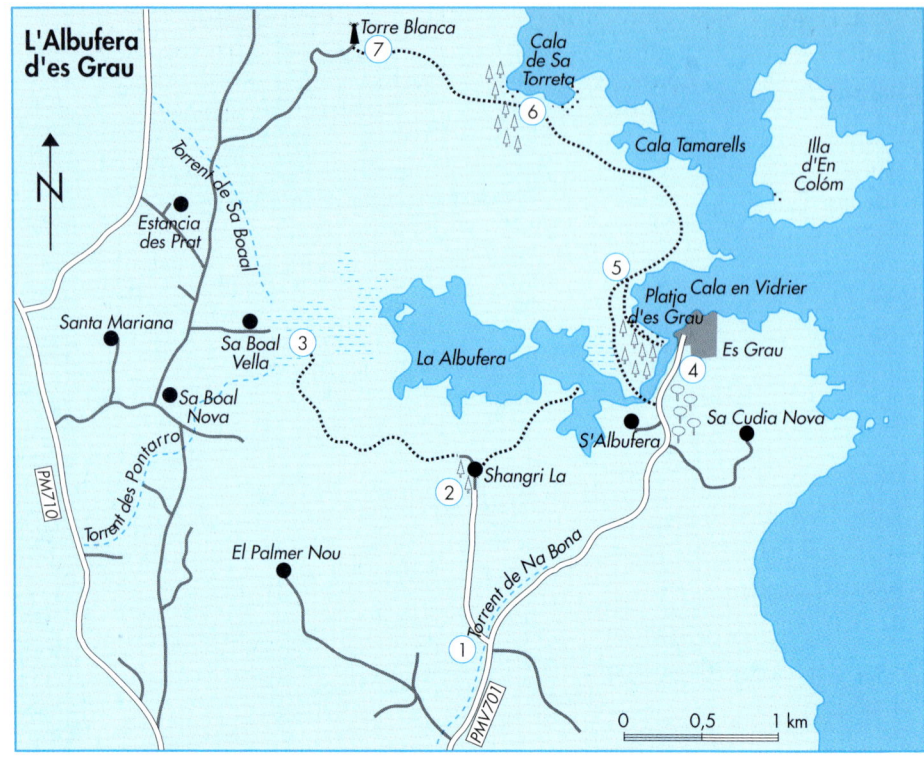

Pflanzen und Tiere

Das Naturschutzgebiet der S'Albufera zählt zu den wenigen Gebieten Menorcas, die ihren ursprünglichen Zustand wenigstens in einigen Teilbereichen bewahrt haben. Dazu gehören das Lagunengebiet, einige Abschnitte der benachbarten Küste sowie die vorgelagerte Insel Illa d'En Colóm. Während die landwärts gelegenen Randgebiete noch landwirtschaftlich genutzt werden, schließen sich zur Lagune hin Ödflächen (Garriguen) an, die mit Büschen von Wildoliven, Mastixsträuchern und Breitblättrigen Steinlinden bewachsen sind.
Auf der Illa d'En Colóm gesellen sich neben niedrigen Mastixsträuchern und Baumheidebeständen einige Endemiten

hinzu wie die Seidelbastart *Daphne rodriguezii*, der Balearen-Fingerhut sowie *Senecio rodriguezii* mit ihren weißen Margeritenblüten. Im allgemeinen ist die Vegetation dieser Insel stark von den nördlichen Tramontana-Winden geprägt, die keinen höheren Pflanzenwuchs aufkommen lassen. Zu den stark angepaßten Arten gehört auch die der Gänsedistel nah verwandte *Launaea cervicornis*.
Im Nordwesten und und am Ostufer schließen sich Feuchtgebiete an, deren Pflanzenwelt sich kaum von vergleichbaren Gebieten auf Mallorca (S'Albufera, Es Trenc/Salobrar de Campos) unterscheidet. Am Nordwestende (Es Prat), wo das Wasser stärker ausgesüßt ist, erstrecken sich Schilfbestände ; an sumpfigen Stellen gesellen sich Seggen-, Binsen- und Simsen-

arten hinzu. Im engeren Umfeld des Sa-Gola-Zuflusses nimmt die Zahl halophiler Pflanzenarten (s.S.105) zu; Beispiele sind Strauchqueller und Fruchtender Queller, das Strauchige Salzkraut und Tamarisken-sträucher (*Tamarix africana*; S.102). Auf Interesse stößt ein schmaler Galeriewald aus Feldulmen am Ufer dieses Zuflusses.

Hinter dem Strand Platja d'es Grau schließt sich ein schmaler Waldstreifen von Aleppokiefern an, vergesellschaftet mit Phönizischem Wacholder und Stein-eichen (s.S.73).
Die vielfältigen Lebensräume der Albufera d'es Grau werden von einer artenreichen Tierwelt bewohnt. Während die Lagune

Aleppokiefern

Neben der Steineiche gehört die Aleppokiefer (span.: Pino; mallorquinisch: Pi) zu den bestandsbildenden Baumarten auf den Balearen. Trotzdem liegt ihre ursprüngliche Heimat im östlichen Mittelmeerraum; der wissenschaftliche Name »halepensis« weist auf Haleb als alte Bezeichung für die syrische Stadt Aleppo hin. Die Aleppokiefer ist auf allen Inseln besonders in küstennahen Regionen anzutreffen, weil ihr trockene, sandige Böden am meisten zusagen. Ihr Wuchs ähnelt mehr unserer Waldkiefer als der Schirmpinie, die auf den Balearen jedoch nur wenig verbreitet ist. Die Zapfen sind aber größer als bei der Waldkiefer und besitzen meist eine konische Form. Wie die meisten Nadelbaumarten enthält auch die Aleppokiefer Harz, das durch seinen hohen Terpentingehalt leicht brennbar ist, und so kommt es immer wieder zu ausgedehnten Waldbränden. In enger Lebensgemeinschaft zu Aleppokiefernwäldern stehen die Vielblütige Heide, die Baumheide, der Dreiberige Zeiland und verschiedene Orichdeenarten (z.B.Bienenragwurz und Milchweißes Knabenkraut). In geschichtlicher Zeit spielte die Aleppokiefer eine große Rolle für die Verteidigung Mallorcas gegen Attacken arabischer Piraten. Im 16. Jh. versuchte man durch Aufforstung eines etwa 7 km breiten Küstenstreifens ihr Eindringen zu

verhindern. Zahlreiche Wachtürme – auch Atalayas genannt – ergänzten das Verteidigungssystem.
Nachdem große Waldgebiete der Holzgewinnung sowie dem Bau von Straßen und Urlaubszentren geopfert wurden, ist man heute bestrebt, durch Aufforstungen die Waldfläche wieder zu vergrößern, die zur Zeit auf allen Inseln 69 300 ha umfaßt. Ausgedehnte Aleppokiefernwälder sind im Südwesten und im Osten Mallorcas (zwischen Magalluf und Figuera, Ca´n Picafort, Cala Ratjada), auf Menorca und Ibiza anzutreffen.

Noch grüner, unreifer Zapfen der Aleppokiefer.

Im späten Frühjahr beginnen Wildgladiolen auf Garriguen und Brachflächen zu blühen.

Der Bienenfresser, ein naher Verwandter unseres Eisvogels, nistet gern in selbst gegrabenen Bruträhren.

mit ihrem schwankenden Salzgehalt nur Flußaalen, Goldmeeräschen und Ährenfischen Lebensmöglichkeiten bietet, sind die angrenzenden Uferzonen und Feuchtgebiete wesentlich reicher an Tierarten. Dies trifft besonders für die Wasservögel zu, deren Artenzahl einschließlich der Überwinterer auf 77 geschätzt wird. Bläßhühner, Teichhühner, Tafelenten, Pfeifenten (S. 89), Spießenten und Graureiher gehören zu den am häufigsten zu beobachtenden Arten. Seltener dagegen kommen Zwergtaucher und Fischadler vor. Hervorgehoben werden muß, daß viele Durchzügler zu ihren südlichen Überwinterungsgebieten in diesem Feuchtgebiet Zwischenstation machen, wie beispielsweise Zwergmöwen und Zwergrohrdommeln.

In den stehenden Süßgewässern leben neben der Europäischen Sumpfschildkröte zwei Schlangenarten, nämlich die Treppennatter und die Vipernnatter. Unter den Echsen verdient die endemische Unterart der Balearen-Eidechse *Podarcis lilfordi brauni* Erwähnung, die auf der vorgelagerten Insel Illa d'En Colóm häufiger anzutreffen ist als auf Menorca selbst.

Die Krähenscharbe, ein naher Verwandter des Kormorans, ist häufig an den Ufern der Illa d´en Colóm anzutreffen.

Der halophile Fruchtende Queller bildet an Lagunen und Salzteichen oft dichte Bestände.

Die flachen Garriguen werden von Rot-
hühnern und Wildkaninchen bevorzugt
und sind der Lebensraum des Triels. Aus
dem Gebüsch ertönt im Frühjahr der Gesang von Samtkopfgrasmücken, Nachtigallen und anderen Kleinvogelarten.

Im Gebiet unterwegs

Das Naturschutzgebiet der Albufera d'es
Grau liegt nur etwa 7 Straßenkilometer
von Maó entfernt. Zur Erkundung bieten
sich zwei Wandervorschläge an. Ausgangspunkt der ersten Wanderung ist die
linke Abzweigung der PMV 701 in Richtung **Shangri La** (etwa 6 km von Maó entfernt), die gleich am Anfang den Torrent
de Na Bona überquert ①. Nach etwa
1 km führt eine links abzweigende Piste ②
entlang am früheren Erschließungsgelän-
de zum Feuchtgebiet am westlichen Ufer
der Lagune ③.
Der zweite Wandervorschlag beginnt im
Fischerdorf **Es Grau** ④, wo zunächst linkerhand der schmale Zufluß Sa Gola überquert wird, um den Strand von Es Grau zu
erreichen. Der Weg führt an einem klei-

Felsküsten sind bevorzugte Standorte der Kretischen Skabiose.

Die schopfige Traubenhyazinthe ist auf den Balearen weit verbreitet und besiedelt auch Kulturland.

Der Fischadler sucht als Jagdrevier auch die Lagunen der Albufera d´es Grau auf.

⑦ befindet sich die archäologische Stätte von **Torre Blanca**, ein Zeugnis der Megalithkultur, etwa 3000 Jahren v. Chr errichtet. Das Zentrum wird von aufrecht stehenden Findlingen gebildet, umgeben von Mauern aus aufgeschichteten Steinen. Für den Besuch der Illa d'En Colóm bestehen Möglichkeiten, sich mit einem Boot übersetzen lassen. Dort befindet sich im nordöstlichen Bereich eine größere Brutkolonie von Weißkopfmöwen. Hin und wieder wird auch von nistenden Wanderfalken und Krähenscharben berichtet.

nen Kiefernwald entlang zu den Klippen auf der gegenüberliegenden Seite ⑤. Dort schließt sich eine Garrigue-Landschaft mit meist niedrigem Buschwerk an, und man erblickt zur rechten die Illa d'En Colóm. Zwei weitere kleine Strände an der Cala Tamarells und Cala de Sa Torreta liegen auf dem Weg nach **Torre Blanca**. Kurz vor dem Kiefernwald ⑥ nisten Bienenfresser in selbstgegrabenen Röhren am Hang eines Sandkliffs. Am Endpunkt der Wanderung

Der Phönizische Wacholder stellt keine besonderen Ansprüche an seinen Standort und ist daher weit verbreitet.

Blick in die Umgebung

Bei der Rückfahrt zur PM 710 empfiehlt sich ein Abstecher zum **Cap de Faváritx**. Wenige Kilometer weiter kann man die bereits erwähnte archäologische Stätte **Torre Blanca** über eine rechts abbiegende Stichstraße erreichen. Wenig später passiert man auf der gleichen Seite die kleine, 1950 erbaute Kapelle **Ermita de Fátima**. Dort lohnt ein kurzer Stopp, um vom Hügel einen schönen Rundblick bis zur Ostküste mit der vorgelagerten Illa d'En Colóm und dem Cap de Faváritx zu genießen. Etwa 6 km weiter zeigt ein Wegweiser auf eine Abzweigung zum 10 km enfernten **Leuchtturm »Far de Faváritx«**. Die Nebenstraße führt durch eine aride Karstlandschaft mit ausgedehnter Busch-Garrigue, die den starken Tramontana-Winden ungeschützt ausgesetzt ist. Nicht zu übersehen sind bizarre Felsformationen aus Sedimentgestein in der Nähe des Leuchtturms. Von dieser exponierten Stelle überblickt man große Teile der buchtenreiche Ostküste Menorcas.

Praktische Tips

Unterkunft und Verpflegung findet man außerhalb der sommerlichen Hauptsaison in Maó, gelegentlich auch in Es Grau in einer kleinen Feriensiedlung. Zelten ist im gesamten Naturschutzgebiet verboten.

14 Barranc d´Algendar (Menorca)

Langgestrecktes schluchtartiges Erosionstal mit ganzjähriger Wasserführung im Unterlauf; oasenartiger Charakter durch üppige Vegetation von Wild- und Nutzpflanzen; im unteren Abschnitt einige kleine Feuchtgebiete mit artenreicher Fauna.

Das Naturschutzgebiet des **Barranc d´Algendar** nimmt einen etwa 6 km langen Abschnitt des gleichnamigen Erosionstals ein, das sich zur Südküste öffnet. Etwa 1 km vor der Mündung vereinigt es sich mit dem **Barranc de Cala Galdana** zur gleichnamigen Bucht. Mit einer Gesamtlänge von etwa 12 km zählt der Barranc d´Algendar zu den größten von Menorca, und Kenner bezeichnen ihn wegen seiner üppigen Flora als schönstes Tal der Insel. Er verläuft, wie die benachbarten Barrancos, fast in nord-südlicher Richtung, da sich der zentrale Bergzug Menorcas als Wasserscheide quer zur Richtung erstreckt.
Der Barranc d´Algendar kann als besonders gutes Beispiel für ein schluchtartiges Erosionstal gelten, das im Laufe der Zeit durch die Auswaschungen heftiger Niederschläge entstanden ist. Zwar treten die wolkenbruchartigen Regenfälle meistens nur während der Herbstmonate auf, sie speisen dann aber zahlreiche Sturzbäche, denen das poröse Kalkgestein nur wenig Widerstand leistet. Dieses Gestein bildete sich während der Jura- und Kreidezeit aus unzähligen Kalkgehäusen abgestorbener Meereslebewesen, die zum Boden sanken und sich allmählich zu Sedimentgestein verfestigten. Während der tertiären Faltungsprozesse hob sich der Meeresgrund und ließ die Insel als Teil des tyrrhenischen Kontinents entstehen, der später

aber bis auf Menorca, Sardinien, Korsika und Teile Südfrankreichs wieder im Meer versank.
Heute zeigt sich der Barranc d´Algendar als eine 50–100 m breite Talschlucht in einer Karstlandschaft mit zahlreichen Windungen, auf beiden Seiten von etwa 50 m hohen Felswänden begrenzt. Zwar führt der Barranco nur während der herbstlichen Regenfälle reichlich Wasser, das aber größtenteils im porösen Kalkgestein versickert. Trotzdem sprudelt der **Font d´els Eucaliptos** das ganze Jahr über und bewässert den Unterlauf.
So gedeiht am feuchten Talgrund, geschützt vor Winden und intensiver Sonneneinstrahlung, eine für menorquinische Verhältnisse überaus üppige Vegetation, an manchen Stellen schon fast von urwaldähnlichem Charakter. Das zur Verfügung stehende Wasser nutzen Kleinbauern zum Anbau von Zitrusfrüchten, Granatäpfeln, Mandeln und Kapern.
Ganz anders zeigt sich die Landschaft oberhalb des Barranco, die von weiträumigen Verkarstungen gekennzeichnet ist. Während das küstennahe Gebiet noch mit

Die Samtkopfgrasmücke lebt in dichtem Buschwerk.

Zum Verbreitungsgebiet des prächtigen Oleanderschwärmers gehören auch die Balearen.

Aleppokiefern bewaldet ist, dehnt sich binnenwärts eine hügelige Landschaft mit Trockenfeldbau und Garrigue-Vegetation aus. Die strandnahen Gebiete zwischen Cala Santa Galdana und Cala Mitjana sind mittlerweile größtenteils von Urbanisationsmaßnahmen für den Tourismus vereinnahmt worden.

Pflanzen und Tiere

Es ist also vor allem die ganzjährige Feuchtigkeit, die optimale Lebensbedingungen für eine artenreiche Flora schafft. Neben der Artenfülle überrascht die üppige Wuchsform vieler Sträucher und Stauden. Im Gegensatz zur übrigen Inselflora überwiegen feuchtigkeitsliebende Arten, sogar Wasserpflanzen in einigen Tümpeln wie das Schwimmende Laichkraut. In den Feuchtbiotopen des Unterlaufes haben sich auch Bestände von Schilf, Breitblättrigem Rohrkolben, Wasserminze und Binsen angesiedelt. Geradezu üppig wuchert das Brombeergestrüpp bis hinauf in die Felswände, wo kleine Kapernbüsche Halt finden. Etwas weiter aufwärts im Tal hat sich noch ein Restbestand von Steineichenwäldern erhalten, die früher große

Die kleinwüchsige Kermeseiche trägt stachelbewehrte Blätter.

△ Der feuchte Talgrund bietet gute Wuchsbedingungen für den Oleander.

◁ Die Bucht von Santa Galdana wird von Felsgestein aus Kalksedimenten gesäumt.

Teile der Insel bedeckten. Im Schatten der Bäume gedeihen mehrere Farnarten, darunter der Adlerfarn und der Frauenhaarfarn sowie die endemische Balearen-Pfingstrose.

Die üppige Pflanzenwelt läßt auf eine im Vergleich zur übrigen Insel artenreiche Fauna schließen, und die Erwartungen werden auch erfüllt. Wieder ist es die Vogelwelt, die allgegenwärtig ist. Kleinvogelarten halten sich im Brombeergestrüpp und im Laubwerk der Steineichen auf. Aus dem Busch hört man im Frühjahr den Gesang der Nachtigallen (S. 71), Seidensänger, Samtkopf- und Mönchsgrasmücken. Das offene Gelände, aber auch die verstreut liegenden Plantagen, werden dagegen von Wiedehopf (S. 55), Stieglitz (S. 79), Grauschnäpper und Grünling bevorzugt. Turm- und Wanderfalken (S. 66) nisten an den Felswänden. Auch Sperber, Rotmilane und Fischadler kann man beobachten. Bemerkenswert ist das Vorkommen des Schmutzgeiers, der sich nur auf Menorca während der Sommermonate aufhält.

Das Süßwasser des Barranc d´Algendar bietet Wasserrallen, Teichhühnern und manchen Enten Lebensmöglichkeiten,

Die steilen Felswände des Barranc d´Algendar gehören zum Jagdgelände der Zwergohreule.

Der Wanderigel unterscheidet sich vom mitteleuropäischen Igel durch ein helleres Stachelkleid.

Ausgangspunkt einer Wanderung wählt man am besten den Urlaubsort **Cala Santa Galdana** ① an der Mündung des Barrancos. Die Orientierung in der engen Talschlucht bereitet kaum Schwierigkeiten, und man kann etwa 3–4 km aufwärts wandern, bis einige Privatgrundstücke den Weg versperren.

Den nördlichen Einstieg in den Barranc d´Algendar findet man auf der C 721, etwa 1 km westlich von **Ferreríes** ②. Auch von dort ist eine Durchquerung des gesamten Barrancos wegen der erwähnten Privatgrundstücke nicht möglich, außerdem erschwert bald dichtes Gestrüpp den weiteren Abstieg.

aber auch Reptilien wie Europäischen Sumpfschildkröten und Ringelnattern. Treppennattern, mit 1,50 m eine der längsten europäischen Schlangenarten, bevorzugen dagegen die trockenen und sonnigen Hänge der Felswände, um dort den zahlreich vorkommenden Balearen-Eidechsen nachzustellen.

Im Gebiet unterwegs

Für den Besuch sollte das Frühjahr oder der Frühherbst bevorzugt werden. Im Spätherbst nach den herbstlichen Regenfällen können weite Bereiche des Talgrundes monatelang unter Wasser stehen. Als

Blick in die Umgebung

Von Ferreríes sollte man einen Abstecher nach **Son Mercé de Baix** nicht versäumen. In der Ortsmitte biegt eine Nebenstraße in Richtung San Cristóbal ab und etwa 1 km hinter dem Dorf eine Piste rechts zur Finca Son Mercé de Dalt. Zunächst durchquert der Fahrweg einen Wald bis zur erwähnten Finca, wo der Wagen stehengelassen werden kann, um dann zu Fuß eine Kurzwanderung bis zur archäologischen Stätte von Son Mercé de Baix zu machen. Hinter einem Hofgelände trifft man zwischen zwei Schluchten auf die **Sa Cova d´es Moro**, eine Ansammlung von megalithischen Bauwerken aus der Talayot-Kultur. Es handelt sich um sogenannte Navetas, steinerne Bauwerke in Form eines Schiffes, die sowohl als Wohn- als auch Grabstätten dienten. Das Alter wird auf 3000–4000 Jahre geschätzt. Am besten erhalten ist die Naveta Sa Cova d´es Moro, namensgebend für diese Stätte, deren steinerne Decke noch gut erhalten ist. Diesen Weg kann man dann weiter entlang eines Nebenarmes des Barranc de Trebalúger abwärts zur Südküste fortsetzen.

Ibiza

Obwohl mit 568 km² nur drittgrößte Insel der Balearen, nimmt Ibiza nach Mallorca in der Urlauberzahl den zweiten Rang ein. Wie bei der größeren Schwesterinsel, nur zeitlich verzögert, entwickelte sich der Fremdenverkehr zunächst mit negativen Begleiterscheinungen für die Umwelt. Mittlerweile hat sich auch hier die Erkenntnis durchgesetzt, daß die Devise Ökonomie vor Ökologie auf die Dauer nur nachteilige Auswirkungen für die Insel hat. Mit der Erklärung, große Teile der Nordküste zum Landschaftsschutzgebiet zu erheben, hat man die ersten Konsequenzen gezogen.

Trotzdem hat die Insellandschaft mit ihren bewaldeten Höhenzügen nur wenig an Reiz eingebüßt. Mit 475 m ragt die **Sa Talaia** kaum über die benachbarten Berge. Die geologische Vergangenheit steht in enger Beziehung zur Nachbarinsel Mallorca, denn auch auf Ibiza hat sich das Gestein aus Sedimenten des Erdmittelalters gebildet.

Neben den ausgedehnten Aleppokiefernwäldern sind die Salzsümpfe von Ses Salines d'Eivissa mit ihrer reichen Vogelwelt besonders interessant für den Naturfreund.

Praktische Tips

Anreise

Wie zur Nachbarinsel Mallorca existiert auch nach Ibiza ein großes Angebot von preiswerten Charterflügen. Der Flughafen liegt nur etwa 8 km von der Inselhauptstadt Eivissa entfernt.

Für Verkehr und Unterkunft gilt das gleiche wie für Mallorca (s. S. 35)

Tiefe Felsbuchten wie die Cala Xanaca gliedern die Nordküste Ibizas.

15 Es Amunts (Ibiza)

Zweitgrößtes Landschaftsschutzgebiet der Balearen; große Vielfalt an unterschiedlichen Lebensräumen vom Felslitoral über Aleppokiefernwälder bis zur brachliegenden Kulturlandschaft; besonders interessante geologische Formationen wie beispielweise Sedimentaufschlüsse an den Steilküsten und großflächige Karstbildungen.

Das Gebiet von Es Amunts ist neben der Serra de Tramuntana und der Insel Cabrera zur sogenannten »Area singular« eingestuft worden, etwa einem hiesigen Landschaftsschutzgebiet gleichbedeutend. Mit einer Fläche von 5870 ha zählt Es Amunts zu den größten Naturreservaten der Balearen und erstreckt sich zwischen Ses Fontanelles, Santa Gertrudis

und Punta de Sa Creu. Es zeichnet sich durch eine abwechslungsreiche Topographie aus, die wiederum vielfältige Lebensmöglichkeiten für seltene Tier- und Pflanzenarten bietet.

Der nördliche Inselteil Ibizas wird fast durchgehend von einer buchtenreichen Steilküste gesäumt. Aus diesem Grund findet man die meisten Ferienorte entlang der flacheren Südküste mit ausgedehnten Stränden. Dies mag sicher die Entscheidung erleichtert haben, die relativ dünn besiedelte Region zum Landschaftsschutzgebiet zu erklären. Der Name »Amunt« leitet sich aus dem Mallorquinischen ab, was soviel wie oben bedeutet. Tatsächlich handelt es sich um ein hügeliges Hochplateau, dessen Höhe zwischen 200 und 375 m schwankt. Es bildete sich wie die ganze Insel aus gehobenen Kalksedimenten des Juras und der Kreide. Im Laufe der Zeit haben Erosionskräfte der Landschaft das heutige Karstprofil verliehen. Daran beteiligt sind mehrere Torrents (Erosionstäler) wie beispielsweise der Ses Fontanelles und der Arroyo de Buscastell. Bei Santa Gertrudis liegt auch das Quellgebiet des **Río de Santa Eulalia**, einer der wenigen ganzjährig wasserführenden Flüsse der Balearen. Leider wird fast das gesamte Wasser für die Bewässerung landwirtschaftlicher Nutzflächen und zur Trinkwassergewinnung abgezapft, so daß heute der Fluß größtenteils trockenliegt. Eine landschaftliche Besonderheit bilden vor allem im südlichen Bereich die sogenannten Poljes oder Dolinen, die aus eingestürzten Karsthöhlen entstanden sind und sich mit erodiertem Schwemmaterial (Tone, Mergel) gefüllt haben. Oft ist dieser

◁ Blütenstand der Spiegelragwurz – namensgebend der metallisch blaue Mittellappen der Blüten.

Cala Ses Balandres, eine der schönsten Felsbuchten von Ibiza. ▷

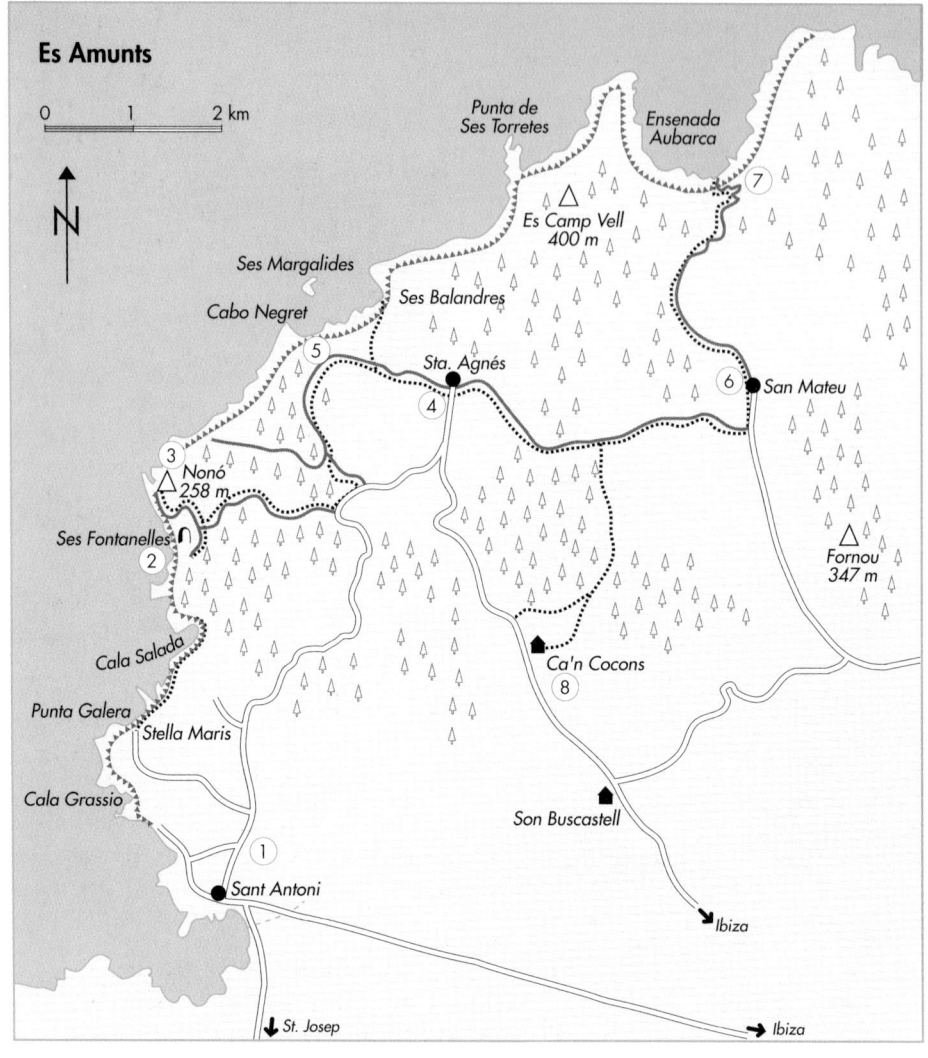

Es Amunts

0   1   2 km

N

Punta de
Ses Torretes

Ensenada
Aubarca

Es Camp Vell
400 m

⑦

Ses Margalides

Ses Balandres

Cabo Negret

⑤

Sta. Agnés

⑥ San Mateu

④

③ Nonó
258 m

Ses Fontanelles

②

Fornou
347 m

Cala Salada

Ca'n Cocons

⑧

Punta Galera

Stella Maris

Cala Grassio

Son Buscastell

①

Sant Antoni

Ibiza

St. Josep

Ibiza

Boden recht fruchtbar und durch Beimengungen von Eisenoxiden intensiv rot gefärbt. Zu den Besonderheiten der Karstlandschaft gehören auch Höhlen und Bergkämme aus härterem Kalkgestein, das den Erosionskräften besser widerstanden hat. Als einzige Höhle ist **Ses Fontanelles** zugänglich. Sie birgt prähistorische Felsmalereien, deren Authentizität aber umstritten ist.

Pflanzen und Tiere

Die vielfältige Landschaftsstruktur bietet Lebensräume für recht unterschiedliche Pflanzengesellschaften. Die Litoralflora findet im Schutz der Steilküsten besonders günstige Lebensbedingungen. Zu den Leitformen gehören der Meerfenchel und der Strandflieder. Daneben gedeihen aber auch seltene Arten wie der Würzige Thymian mit der endemischen Unterart *ebusitanum*, der Balearische Hufeisenklee und die Kretische Skabiose (S. 117). Oberhalb der Steilküstenhänge folgt das sogenannte Pinar, die Fachbezeichnung für Kiefernwälder, die ausschließlich von Aleppokiefern gebildet werden. Im Einzugsbereich dieser Wälder trifft man mehrere Zistrosenarten an, darunter auch die weiß blühende, stark duftende Salbeiblättrige Zistrose.

Die Kalkböden der Karstlandschaft werden von Garrigue-Vegetation besiedelt, die auch längere Trockenperioden schadlos übersteht. Das ist nötig, da die ohnehin geringen Niederschläge rasch im porösen Kalkgestein versickern. Der niedrige Buschwald setzt sich aus Wildoliven, Mastixsträuchern (s. S. 96), Johannisbrotbäumen und Kermeseichen zusammen. Er wird von mit Dornen und Stacheln bewehrten Arten wie Teufelszwirn-Kreuzdorn und Schrecklichem Spargel (S. 40) durchdrungen. Von Interesse sind auch größere Bestände von Phönizischem Wacholder in Küstennähe.

Neben der Garrigue hat sich auf dem niederschlagsarmen Hochplateau eine für Ibiza typische Macchienvegetation gebildet, bei der Rosmarin, Echter Thymian und die Vielblütige Heide dominieren. Zu dieser Pflanzengesellschaft gehören auch der Kleinblütige Stechginster, die Bergminze, der Klebrige Alant, das Dißgras sowie einige Orchideenarten der Gattungen *Ophrys* und *Orchis*. In den feuchteren Niederungen der Torrents haben sich kleinere Bestände von Erdbeerbäumen und der Herbst-Seidelbast angesiedelt, dessen rote Beeren stark giftig sind und bei Schafen gern gegen Laus- und Flohbefall verwendet werden.

Die Vogelwelt ist dank der abwechslungsreichen Lebensräume mit zahlreichen Arten vertreten. Von den Steilküsten kann man gute Seevogelbeobachtungen machen: Neben Weißkopfmöwen lassen sich auch häufig Kormorane und Krähenschar-

Eine der vielen Unterarten der endemischen Pityusen-Eidechse.

ben blicken. Aber auch Korallenmöwen sind gelegentlich zu beobachten. Von den Greifvogelarten muß der Eleonorenfalke (S. 62) wegen seiner relativen Häufigkeit hervorgehoben werden. Mittlerweile hat man dank des strengen Schutzes über 40 Brutpaare gezählt, die gern in kleineren Kolonien an den steilen Küstenhängen brüten. Von Oktober bis April sieht man sie nicht auf den Balearen, da sie auf Madagaskar überwintern. Wesentlich seltener ist dagegen der Wanderfalke zu beobachten. Eleonoren- und Wanderfalken profitieren von den zahlreichen Kleinvogelarten, die wiederum einen reich gedeckten Tisch an Samen der Macchienflora bzw. Insekten finden. Der Turmfalke ist auf den Fang von Mäusen und Eidechsen spezialisiert.

Weit verbreitet sind dort Stieglitze und Rotkehlchen, seltener dagegen Steinschmätzer, Wiedehopfe (S. 55) und Bienenfresser (S. 116). Im Schutz der Kiefernwälder nisten Turteltauben, die sich durch anhaltendes Gurren bemerkbar machen, in letzter Zeit auch häufiger Kolkraben. Als Wintergäste werden des öfteren Waldschnepfen, Misteldrosseln und Singdrosseln beobachtet.

Die Reptilien sind vor allem durch Pityusen-Eidechsen mit mehreren lokalen Unterarten vertreten. Wie fast alle Eidechsenarten sind auch diese äußerst scheu.

△ Die Aleppokiefer, einst Fremdling auf den Balearen, bewaldet weite Küstenbereiche.

Schon geringste Erschütterungen, Schattenwurf oder hastige Bewegungen genügen, um den Fluchtreflex auszulösen. Bei einer Fluchtdistanz von etwa 5–6 m gelingen nur in den seltensten Fällen mit starken Makroteleobjektiven gute Fotos. Wie der Autor dennoch zu guten Nahaufnahmen gekommen ist, verdankt er folgendem Trick: Beim Verharren außerhalb der Fluchtdistanz warf er mit einem kleinen Stein Richtung Eidechse, was man bei Tieren sonst eigentlich nicht tun sollte. Anstatt die Flucht zu ergreifen, huschte sie auf das vermeintliche Beutetier zu und weilte nunmehr innerhalb der Fotodistanz. Des Rätsels Lösung ist, daß der Steinwurf einen Schlüsselreiz auslöst: Das Beuteschema wird nämlich bei Eidechsen überwiegend durch optische Reize geprägt, d.h. die Beute muß sich bewegen und

◁ Die sonst seltene Bergminze gedeiht auf Ibiza an manchen Stellen in dichten Beständen.

▽ Die Griechische Landschildkröte hat ihr natürliches Verbreitungsgebiet auch auf den Balearen.

△ Der anspruchslose Johannisbrotbaum kommt meist verwildert vor.

◁ Unübersehbar die Roterde-Gebiete um Santa Agnés.

Trockenresistenz

Obwohl die Balearen nicht zu den Savannen- und Wüstenregionen unserer Erde gehören, sind trockenresistente Pflanzenarten häufig anzutreffen. Allerdings handelt es sich oft um eingeführte Formen, zu denen sämtliche Kakteen-, Agaven- und Aloëarten gehören. Die sommerliche Trockenzeit, die sich in den Flachregionen der Balearen meistens über mehrere Monate hinzieht, erfordert Anpassungen des Wasserhaushaltes im pflanzlichen Organismus. So haben sich unterschiedliche Überlebensstrategien morphologischer und physiologischer Art entwickelt:
– Stamm- und Blattsukkulenz,
– weitverzweigte Wurzelsysteme,
– Verringerung der Oberfläche,
– Kurzlebigkeit,
– unterirdische Speicherorgane.
Stamm- und Blattsukkulenz sind bei Kakteen, Agaven, Aloë- und Wolfsmilchgewächsen, aber auch bei Halophyten weit verbreitet. Solche Arten schützen sich durch eine verdunstungs-hemmende Epidermis gegen Verlust des gespeicherten Wassers. Beispiele dafür sind auf den Balearen der Feigenkaktus, die Agave, die Aloë, verschiedene Wolfsmilcharten (z.B.Baumartige Wolfsmilch) sowie der Gewöhnliche Queller. Weitverzweigte Wurzelsysteme zur effektiveren Aufnahme von Niederschlägen werden meist von strauchigen Holzgewächsen entwickelt wie beispielsweise von Tamarisken. Eine Verringerung der Oberfläche wird oft durch Laubabwurf (einige Zistrosenarten) oder durch Rückbildung der Blätter (einige Ginsterarten, Rosmarin, Gewöhnliches Meerträubel) erzielt.
Eine weitere Anpassungform ist die Kurzlebigkeit vieler Pflanzenarten, die nur während der Regenperiode gedeihen, nach Beginn der Trockenzeit absterben und für den Erhalt der Art durch Samen sorgen. Zu diesen Arten gehört beispielsweise die Wucherblume. Unterirdische Speicherorgane in Form von Zwiebeln und Knollen entwickeln mehrere Affodillarten und die Dünen-Trichternarzisse.

kleiner sein als der Angreifer. Diese Voraussetzungen werden durch gezieltes Werfen mit kleinen Steinen erfüllt.
Bei genauem Hinsehen und ruhigem Verhalten lassen sich gelegentlich auch tagsüber zwei Geckoarten beobachten, nämlich der Mauergecko und der Europäische Halbfingergecko. Beide gehören zur artenreichen Familie der Haftzeher, die ohne Schwierigkeiten auf glatten Wänden emporlaufen können. Diese Fähigkeit verdanken sie zahlreichen winzigen Saugpolstern mit Hafthaaren auf der Unterseite ihrer Vorder- und Hinterfüße, deren Zehen scheibenartig verbreitert sind. Eine weitere Besonderheit ist der Bau ihrer Augen, die hervorragend an das nächtliche Sehen angepaßt sind. Auffallend ist die vielen Nachttieren gemeinsame große elliptische Pupille, mit der die Zufuhr des schwachen Nachtlichtes noch besser dosiert werden kann. Obwohl sich beim grellen Tageslicht die Pupille ganz verschließt, ist das Sehvermögen vieler Geckoarten nur wenig beeinträchtigt. Mittlerweile weiß man aber, daß sich beim Schließen der Pupille auf beiden Seiten der Iris durch Zugwirkung kleine Gucklöcher öffnen, durch die der Gecko dann bei Tageslicht blicken kann.
Von den Säugetieren bekommt man am ehesten herumstreunende Schafe, Ziegen und Wildkaninchen zu sehen. Die übrigen Arten führen zumeist ein nächtliches Leben wie der Wanderigel, die Waldmaus, die Hausspitzmaus mit einer endemischen

Unterart sowie die recht seltene Ginsterkatze. Baummarder und Feldhase gehör-
ten früher ebenso zur Säugetierfauna,
wurden aber inzwischen ausgerottet.

Im Gebiet unterwegs

Das Landschaftsschutzgebiet von Es
Amunts erschließt man sich am besten
durch einige Wanderungen. Als Ausgangs-
punkte bieten sich Sant Antoni, Santa
Agnés und San Mateu. Sant Antoni erreicht man über die PM 731, die anderen
beiden Orte über Nebenstraßen, die von
der PM 731 bei San Rafael bzw. Ca'n Roig
abzweigen. Busverbindungen gibt es nur
nach Sant Antoni und San Miquel.
Der erste Wandervorschlag bezieht sich
auf die Halbinsel **Punta Galera**, ausgehend
von **Sant Antoni** ①. Dieser zweitgrößte Ort
der Insel liegt an der malerischen Bucht
von Portmany, hat aber durch den Massentourismus viel an Reiz verloren. Über
einen klippenreichen Küstenpfad läßt man
den Ort rasch hinter sich und erreicht
nach etwa 1 1/2 Stunden auf schmalen,
teilweise unübersichtlichen Pfaden die
kleine Höhle mit den bereits erwähnten
umstrittenen Felsmalereien ②. Anschließend lohnt noch ein Aufstieg zum 258 m
hohen **Puig Nonó** ③.
Weitere Wanderrouten gehen von **Santa
Agnés** ④ aus, einem etwa 600 Einwohner
zählenden Dorf. Eine Route führt zum
Cabo Negret ⑤ durch eine interessante
Kulturlandschaft mit den anfangs erwähnten Poljes, deren fruchtbare Böden landwirtschaftlich genutzt werden. Von Santa
Agnés kann man eine Anschlußwande-
rung durch Kieferwälder und Karstland-
schaften mit Macchienvegetation nach
San Mateu ⑥ machen. Von dort bietet sich
eine weitere Wandermöglichkeit zur **Ensenada Eubarca** ⑦.
Schließlich lohnt noch eine Wanderung
durch den **Arroyo** de **Buscastell**, ausgehend
von **Ca'n Cocons** ⑧ 4 km vor Santa Agnés.

Der Triel bevorzugt Brach- und Ödflächen.

Einige der verstreut liegenden Landwirt-
schaften sind verlassen. Die im Betrieb
befindlichen Ackerflächen werden mit
Quellwasser versorgt und gleichen Oasen
in der Karstlandschaft.

Praktische Tips

Übernachtungsmöglichkeiten gibt es in
Sant Antoni genügend, wenn nicht gerade
Hochsaison ist. Bei den meist schattenlo-
sen Streckenabschnitten ist eine Kopfbe-
deckung angeraten. Außerdem sollten
Getränke und Proviant für eine Halbtages-
wanderung mitgenommen werden. Die
Fotoausrüstung ergänzt man, wenn mög-
lich, um langbrennweitige Objektive für
Aufnahmen der seltenen Korallenmöwe.

Die Vielblütige Heide gedeiht gern im Unterholz von Aleppokiefernwäldern.

16 Salinen von Ibiza (Ses Salines d´Eivissa)

Salinen, Lagunen und Feuchtgebiete als Lebensraum zahlreicher Wasservögel; Sanddünen.

Seit mehr als 3000 Jahren hat der Mensch durch Salzabbau auf die Landschaft im Süden Ibizas gestaltend gewirkt. Bereits die Karthager nutzten die flachen Lagunen zur Gewinnung des auskristallisierten Meersalzes. Später wandelten die Römer und Mauren einige der Lagunen zur Erhöhung der Salzproduktion in Verdunstungsteiche um. Noch heute wird in Ses Salines Salz abgebaut, aber nicht mehr unter menschlicher Schwerstarbeit, sondern mit Hilfe moderner Förderanlagen. Das staatliche Unternehmen Salinera Española S. A. fördert zur Zeit eine Jahresmenge von etwa 50 000 t Meersalz in 130 Verdunstungsbecken, die während des Frühjahrs durch ein Kanalsystem mit Meerwasser gefüllt werden. Nach Absetzen von Schwebstoffen wird das Wasser in immer flachere Becken geleitet, um dort durch Verdunstung das gelöste Salz zu hinterlassen, das dann zu Pyramiden aufgeschüttet wird. Anschließend wird das Salz mit Lastkraftwagen zur Verladestelle von La Canal transportiert und zum größten Teil zur Fischkonservierung in skandinavische Länder verschifft. Durch wachsende Konkurrenz der Salzgewinnung im Bergbau wird es nur noch eine Frage der Zeit sein, bis der Salzabbau wie bereits auf Formentera seinem Ende entgegensieht.
1985 wurde das Gebiet unter Naturschutz gestellt, mit der Einschränkung, daß weiterhin Salz abgebaut werden darf.
Die erdgeschichtliche Entstehung entspricht weitgehend den Beschreibungen von Es Trenc/Salobrar de Campos (Reiseziel 11) und Albufera d'es Grau (Reiseziel

13). Auch hier handelt es sich um jungtertiäre Sedimente, überlagert von alluvialem Schwemmland. An manchen Stellen erheben sich die Kalksteinsedimente inselartig über das Flachland, wie der 160 m hohe **Puig des Corb Mari** und der 144 m hohe **Puig Falcó**. Das 1140 ha große Naturschutzgebiet von Ses Salines erstreckt sich zwischen Punta Prima und Punta Pedrera. Die Reste einer früheren Landbrücke zwischen Ibiza und Formentera werden von den beiden Inseln **Espalmador** und **Espardell** markiert, die bereits zum Naturschutzgebiet Estany Pudent/Espalmador auf Formentera gehören.

Pflanzen und Tiere

Trotz der wenig ausgeprägten Höhendifferenzen und des niederschlagsarmen Klimas weist das Naturschutzgebiet abwechslungsreiche Lebensräume auf. Langgestreckte **Dünengürtel** trennen an vielen Stellen die Salzteiche und Lagunen vom Meer wie z. B. entlang der Strände von Migjorn, Codola und Cavallet. Hier trifft man hauptsächlich Pflanzenarten an, die sich den extremen Lebensbedingungen auf den Dünen angepaßt haben: Strandhafer, Strandquecke und das kriechende Stechende Vilfagras verankern sich mit langgestreckten Rhizomen im lockeren Sand; der Europäische Meersenf und die Stranddistel schützen sich durch Blattsukkulenz bzw. durch eine ledrige, verdunstungshemmende Blattepidermis gegen Austrocknung (s.S. 130). Durch Ausbildung von Knollen verschafft sich die im Juli bis September blühende Dünen-Trichternarzisse (S. 98) zusätzliche Wasser- und Nahrungsreserven.
Hinter dem Dünengürtel folgt an vielen Stellen **Garrigue**, beispielsweise das Areal

von Penya Rotja zwischen der großen Saline und Punta Roma im Naturschutzgebiet Ses Salines d'Eivissa oder auf der Insel Espalmador. Auch hier gedeihen überwiegend Arten, denen die mehrmonatige sommerliche Trockenheit nicht schadet. Dazu gehören der weitverbreitete Mastixstrauch (S. 79), die Wildolive, der Phönizische Wacholder (S. 118), mehrere Zistrosenarten und Rosmarin. In Küstennähe und auf den Erhebungen sind auch kleinere Gehölze aus Aleppokiefern und Phönizischem Wacholder anzutreffen, vermutlich Überreste brandgerodeter Wälder, die in früheren Zeiten dem Salzabbau zum Opfer fielen.
Am extremsten sind natürlich die Lebensbedingungen im Bereich der **Salinen** und **Lagunen**, wo als begrenzender Faktor neben der sommerlichen Trockenheit noch die hohen Salzkonzentrationen im Wasser und Boden hinzutreten (s.S. 105).
Mit solchen Lebensbedingungen gibt es zwei Areale, einmal die Salzteiche von Ses Salines und südlich von Sant Jordí ein weiteres Salzgewinnungsgebiet.

◁ Salzteiche von Las Salinas.

Das seltene Leimkrautgewächs *Silene cambessedesii* kommt ▷ nur auf Ibiza und Formentera vor.

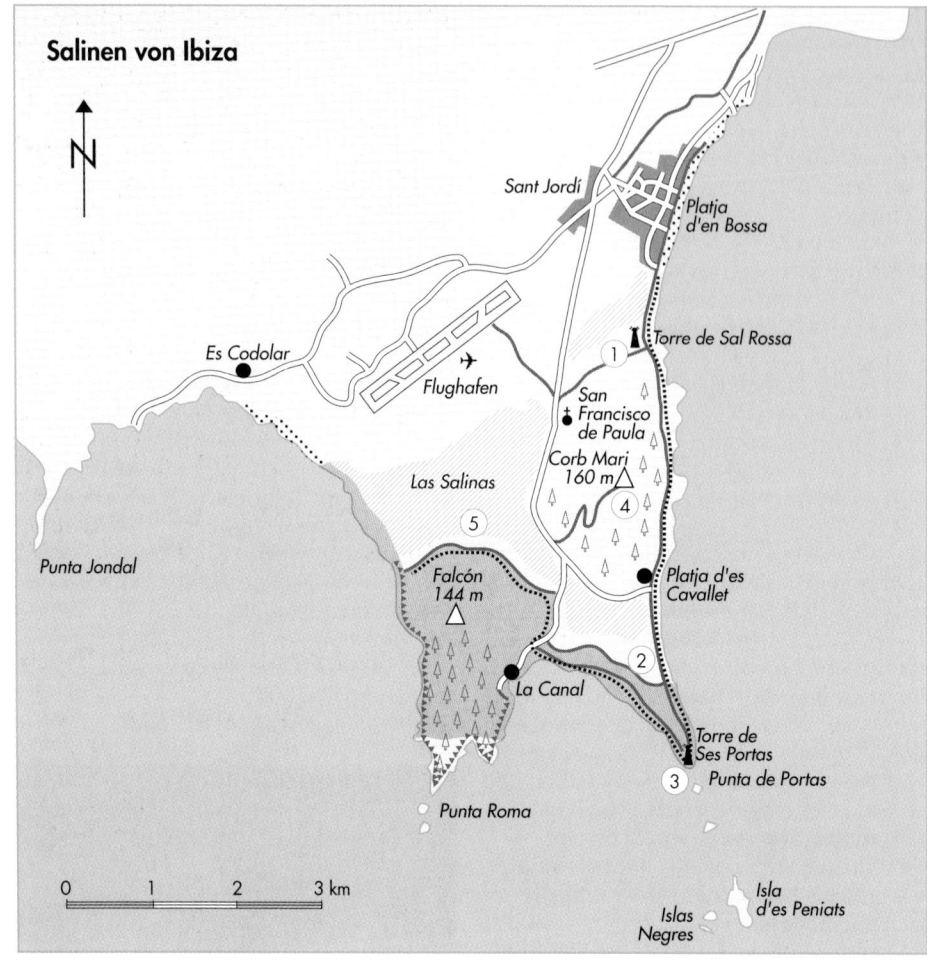

Salinen von Ibiza

N

Sant Jordí
Platja d'en Bossa

Es Codolar

Flughafen

Torre de Sal Rossa

San Francisco de Paula

Corb Mari 160 m

Las Salinas

Punta Jondal

Falcón 144 m

Platja d'es Cavallet

La Canal

Torre de Ses Portas

Punta de Portas

Punta Roma

0   1   2   3 km

Islas Negres

Isla d'es Peniats

Wie in allen Naturschutzgebieten mit großem Anteil an Feuchtbiotopen trifft man auch hier eine artenreiche Vogelwelt an. In größerer Zahl lassen sich Graureiher, Seidenreiher, Nachtreiher, Kiebitze, Löffelenten und Stelzenläufer beobachten. Auch mehrere Limikolenarten wie Sandregenpfeifer, Alpenstrandläufer und Rotschenkel kann man in den Uferregionen entdecken. Als Wintergäste halten sich regelmäßig Flamingos in den Salzlagunen auf, nachdem sie ihre Brut in der Carmargue großgezogen haben.

Von besonderem Interesse ist die große Zahl endemischer Unterarten der Pityusen-Eidechse. Insgesamt 8 hat man bisher bestimmt, die meisten auf den kleinen Eilanden zwischen Ibiza und Formentera. Hinzu kommt, daß eine deutliche Größenzunahme in Richtung Formentera zu beobachten ist. Eine Erklärung für dieses Phänomen könnte sein, daß durch die insulare Isolation die Zahl natürlicher Feinde geringer ist, und somit eine größere Variationsbreite gegeben ist, die sich im Gigantismus ausdrückt, eine oft beobach-

tete Erscheinung auf Inseln. Eine weitere Erklärung könnte das reichere Angebot an Beutetieren sein, das durch Fehlen von Nahrungskonkurrenten vorhanden ist. Vielleicht spielt auch der größere Individualraum eine Rolle, der jeder Unterart zur Verfügung steht.

Im Gebiet unterwegs

Im Naturschutzgebiet von Ses Salines d'Eivissa bieten sich einige Wanderungen an. Den Ausgangspunkt **Platja d'en Bossa** erreicht man mit dem Bus von Ibiza Stadt oder mit dem Wagen über die PM 802. Der erste Routenabschnitt wendet sich nach Süden, zunächst entlang der gleichnamigen Feriensiedlung mit dem längsten Strand von Ibiza, an dessen Ende sich der **Torre de Sal Rossa** ①, ein alter Wachturm befindet. Hinter dem Turm wird der Pfad unübersichtlich, und man orientiert sich am besten nach dem Küstenverlauf. Hier beginnt eine Steilküste mit großflächiger Garrigue-Vegetation. Etwa 4 km vom Ausgangspunkt geht die Steilküste wieder in einen Strand über (Platja Gavallet), und zur rechten sind die südwestlichen Teiche der Salzgewinnungsanlage **Las Salinas** ② zu sehen. Dann folgt die kleine Strandsiedlung Platja d'es Cavallet mit anschließendem Dünengelände, dessen Vegetation unter den sommerlichen Badegästen ziemlich gelitten hat. Etwa 2 km weiter ist **Punta de Portas** mit dem alten Wachturm Torre de Ses Portas ③ erreicht. Nun macht die Wanderroute eine Kehrtwendung entlang der Strände von Mitgorn, die von bizarr geformten Felsen unterbrochen sind. Nach knapp 2 km ist die Bushaltestelle erreicht. Man kann sich entscheiden, weitere Abstecher zum 160 m hohen **Puig des Corb Mari** zu machen ④ oder zu den Salinen von **Las Salinas** ⑤ (Genehmigung erforderlich).

Praktische Tips

Unterkunftsmöglichkeiten gibt es in Platja d'en Bossa. Während der Sommerferien können die Hotels ausgebucht sein. Da es auf weiten Strecken an Schatten fehlt, empfiehlt es sich, Kopfbedeckung und Sonnenschutz mitzunehmen.

Mittelmeer-Sturmtaucher brüten in Kolonien an Felsküsten und sind auch von der Küste aus zu beobachten.

△ Die südwestliche Küstenlandschaft Ibizas findet ihren großartigen Abschluß in der 328 m hohen Felsinsel Es Vedrá.

△ Der halophile Meerfenchel dringt an Felsküsten bis in die Spritzwasserzone vor.

Seit vielen Jahrhunderten wird Meersalz aus den künstlich ▷ angelegten Salzteichen gewonnen.

◁ Die Uferschnepfe wählt als Winterquartier auch die Feuchtgebiete der Salinen von Ibiza; links ein Säbelschnäbler.

▽ Weißkopfmöwen halten sich wie die verwandte Silbermöwe
ebenfalls gern in Hafennähe auf.

△ Der Gezähnte Lavendel gehört zu den häufigsten Arten der
Garrigue-Vegetation.

Formentera

Die kleinste Baleareninsel mit einer Fläche von 77 km² steht in enger geologischer Beziehung zur Nachbarinsel Ibiza. Nur 4 km trennen beide Inseln, und die Eilande **Espalmador, Espardell** sowie **Caragole** markieren heute noch die ursprüngliche Landverbindung, die vor etwa 10 000 Jahren durch nacheiszeitliche Überflutungen unterbrochen wurde. Ähnlich wie der Südteil Ibizas hat sich die Insel Formentera durch Hebung eines Kalksteinplateaus während des Spät-Tertiärs gebildet, das mit dem **La Mola** (192 m) seine größte Höhe erreicht.

Charakteristisch für die Insel sind ausgedehnte Lagunen im nördlichen Bereich, die heute noch zur Meersalzgewinnung genutzt werden. Diese Feuchtgebiete bilden ein wahres Dorado für zahlreiche Wasservogelarten, besonders dort, wo die Salzgewinnung eingestellt wurde. Die übrige Insel weist größtenteils Macchien- und Garrigue-Vegetation auf. Nur im östlichen Inselteil befindet sich ein größerer Aleppokiefernwald. Ausgedehnte Dünenlandschaften finden sich hinter den Stränden von Platja de Mitgorn, Platja d'es Pujols und Platja de Llevant. Formentera erfüllt damit die Wünsche vieler Individualtouristen, die Ruhe und Entspannung jenseits der großen Touristenzentren suchen.

Aus der neuen Welt eingebürgert – die Amerikanische Agave.

Praktische Tips

Anreise/Verkehr
Nach Formentera gelangt man von Ibiza mit einer Fähre, die täglich zwischen Eivissa und La Savina verkehrt. Auch diese Insel verfügt über ein gut ausgebautes Straßennetz. In La Savina kann man sich Wagen, Mopeds und Fahrräder leihen, um die Insel zu erkunden. Außerdem verkehren auf Formentera drei Buslinien.

Unterkunft
In den Reisekatalogen ist Formentera seltener als die benachbarten Schwesterinseln aufgeführt. Trotzdem findet man in La Savina, Platja d'Es Pujols und Platja de Mitgorn Unterkünfte unterschiedlicher Klassifizierung. Um eine Reservierung sollte man sich rechtzeitig kümmern.

17 Salinen von Formentera

Salinen mit Halophytenvegetation; Pflanzengesellschaft des Sabinar mit Phönizischem Wacholder; zahlreiche Wat- und Wasservögel mit Flamingos im Frühjahr und Herbst.

Die Naturschutzgebiete Estany Pudent/ Espalmador (Formentera) und Ses Salines d'Eivissa (Ibiza) bilden aus ökologischer Sicht eine Einheit, obwohl sie durch eine etwa 5 km breite Meeresenge getrennt sind. Große Bereiche werden von Salinen, Lagunen und Feuchtgebieten eingenommen. Die Meersalzgewinnung mußte durch wachsende Konkurrenz von Importsalz 1985 auf der Insel Formentera eingestellt werden. Danach wurden die beiden Salinen ebenfalls unter Naturschutz gestellt.

Die geologische Entstehungsgeschichte und Ökologie entspricht weitgehend der Beschreibung von Ses Salines d'Eivissa (Reiseziel 16). Im Gegensatz zur größeren Nachbarinsel ähnelt die Topographie Formenteras mehr einem Plateau, das auf dem östlichen und südlichen Ausläufer der Insel in hügeliges Gelände übergeht und mit dem 192 m hohem La Mola die größte Erhebung erreicht. Formentera verdankt seine Entstehung zum größten Teil Hebungsprozessen während des späteren Tertiärs. Das Gestein selbst bildete sich wie in allen größeren Bereichen der Balearen aus Meeressedimenten während des Juras und der Kreide. So läßt sich noch heute an vielen Stellen die interessante Schichtstruktur des Kalkgesteins erkennen, wie beispielsweise an den Kliffs der vorgelagerten Insel Espalmador oder im südwestlichen Bereich Formenteras.

Aus den Salzteichen von La Savina wird Meersalz nur noch für den Eigenbedarf gewonnen.

Im Gegensatz zum flachen Norden Formenteras überwiegen im Süden Steilküsten mit Kiefernwäldern.

Von besonderem Interesse sind die beiden Lagunen **Estany Pudent** und **Estany d´es Peix**. Beide Senken haben sich durch den nacheiszeitlichen Anstieg des Meersspiegels mit Seewasser gefüllt. Bereits vor etwa 1200 Jahren begannen die eingedrungenen Mauren den nördlichen Bereich der Lagune Estany Pudent an zwei Stellen zur Meersalzgewinnung durch Dämme in Verdunstungsteiche zu unterteilen. Der Salzabbau erfolgte dann kontinuierlich bis vor wenigen Jahren, als die Teiche wegen Unwirtschaftlichkeit stillgelegt werden mußten. Nur im unmittelbaren Bereich von La Savina wird für den Eigenverbrauch noch Salz gewonnen.

Die Fadenblättrige Merendera begnügt sich sogar mit Mulden im nackten Kalkgestein.

Der Kuhreiher läßt sich als Gast hin und wieder in den Lagunen von Formentera blicken.

Die Übersehene Traubenhyazinthe hat sich bei uns als beliebte Gartenpflanze eingebürgert.

1985 nutzte die autonome Regierung der Balearen die Chance, große Teile des ehemaligen Salinengeländes mit den angrenzenden Lagunen und Dünenstränden unter Naturschutz zu stellen. Die Gründe waren naheliegend, denn noch mehr als auf der Nachbarinsel fielen die meisten Wälder Brandrodungen für die Anlage der Salinen zum Opfer. Seitdem verfolgt die ICONA das Ziel, die verbliebenen Waldreste und die Dünenvegetation im Umfeld der stillgelegten Salinen ebenfalls unter Naturschutz zu stellen. Das gesamte Naturreservat umfaßt einschließlich der vorgelagerten Inseln Espalmador und Espardell eine Gesamtfläche von 885 ha.

Die Zaunammer bevorzugt auf Formentera und den Nachbarinseln verwilderte Gärten mit Bäumen.

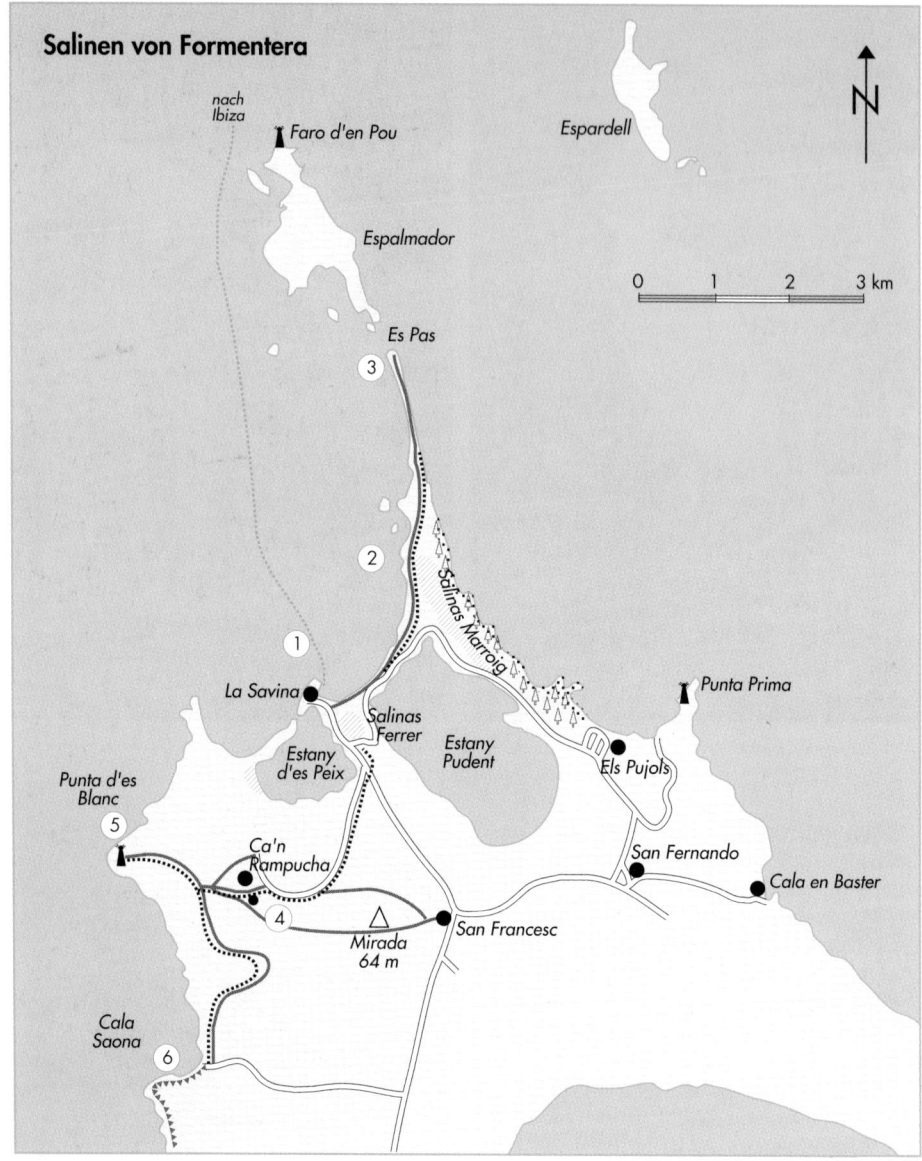

Salinen von Formentera

nach Ibiza

Faro d'en Pou

Espardell

Espalmador

0   1   2   3 km

Es Pas

③

②

Salinas Marroig

①

La Savina

Salinas Ferrer

Estany d'es Peix

Estany Pudent

Els Pujols

Punta Prima

Punta d'es Blanc

⑤

Ca'n Rampucha

④

Mirada 64 m

San Francesc

San Fernando

Cala en Baster

Cala Saona

⑥

Pflanzen und Tiere

Die Artenzusammensetzung der Flora und Fauna entspricht weitgehend dem Salinengebiet von Ibiza. An den Ufern der nun nicht mehr genutzten Salzteiche von Ferrer, Es Estanyets und Marroig, die in früheren Zeiten von den beiden Lagunen Estany d'es Peix und Estany Pudent abgetrennt wurden, dominieren halophile Pflanzenarten, zu denen vor allem der Strauchqueller, die Strandsode, der Klebrige Alant und die Gallische Tamariske gehören. Hinter den Dünen hat sich an einigen Stellen ein üppiger Bestand von Phönizischem Wacholder (S. 118) gebildet. Mit seinen Begleitarten, wie Mastixstrauch, Rosmarin, Stechendem Vilfagras, Rotblättrigem Löwenmäulchen (mit einer endemischen Unterart) und dem ebenfalls endemischen Leimkrautgewächs *Silene littorea,* wird er in der Fachliteratur oft als eigenständige Pflanzengesellschaft, das sogenannte Sabinar, beschrieben. Vermutlich war diese Baumart sogar namensgebend für La Savina, dem einzigen Fährhafen auf der Insel.

Das karge, durch weiträumige Verkarstung geprägte Kulturland zwischen Sant Francesc und Ca´n Rampucha bietet nach der sommerlichen Trockenperiode einen öden Anblick. Nach den ersten herbstlichen Regenfällen vollzieht sich jedoch an vielen Stellen ein Wunder: Wie Streublumen sprießen aus dem kargen Boden die zierlichen rosa Krokusblüten der Streifen-Merendera. Auf Brachflächen und an Wegrändern erfreut dann auch der Anblick von meterhohen Blütenständen der Meerzwiebel, besetzt mit dutzenden weißgelblicher Sternblüten.

Zur Vogelwelt ist ergänzend zu Reiseziel 16 hinzuzufügen, daß sich während des Frühlings und noch mehr im Herbst regelmäßig Flamingos in den Lagunen aufhalten, die sogar bis gegen Ende des vorigen Jahrhunderts dort nisteten. Die Zahl der brütenden Wasservogelarten wird mit 29 angegeben.

Zu den häufigsten Arten der Macchienvegetation gehört die Montpellier-Zistrose.

Im Gebiet unterwegs

Für den nördlichen Bereich der Insel Formentera bieten sich zwei Wanderungen bzw. Fahrradtouren an, für die **La Savina** ① mit dem kleinen Fährhafen Ausgangspunkt ist. Etwa 9 km beträgt die Wanderstrecke mit Hin- und Rückweg.

Von der Hafenmole kommend hält man sich an den nächsten links abbiegenden Fahrweg vor der parallel verlaufenden Chaussee, der durch den Ort zwischen der Saline Ferrer und dem Strand von Cala Savina dann als Radweg verläuft. Nach etwa 1,5 km gelangt man kurz vor den **Salinas von Marroig** wieder auf einen Fahrweg entlang der Salinen ②, die aber mittlerweile weitgehend stillgelegt worden sind. Abstecher entlang der Dämme lohnen sich für Vogelbeobachtungen. Am Ende des Salinengeländes lädt das Restaurant Es Moli d´es Carregador zu einer Erfrischungspause ein. Dann geht es weiter entlang der immer schmaler werdenden **Halbinsel Es Trucadors**, auf deren beiden Seiten es Bademöglichkeiten gibt. Am Ende der Landzunge ③ ist die Insel Espalmador zum Greifen nahe zu sehen, die nur durch die schmale Wasserstraße Es Pas von Formentera getrennt ist. Zurück geht es dann die gleiche Route.

Der Zistrosenwürger besitzt als Vollparasit keine Blätter.

Der zweite Wandervorschlag nimmt ebenfalls Sa Savina als Ausgangspunkt. Diesmal geht es aber zunächst entlang der Chaussee nach **San Francesc de Formentera**. Nach etwa 1 km folgt man dem rechts abzweigenden asphaltierten Fahrweg nach Port Saler oder Ca´n Rampucha ④, wo dieser endet. Hier bieten sich über

Flamingos – regelmäßig in den Lagunen während des Herbstes und Frühjahrs anzutreffen.

Feldwege zwei Abstecher zum etwa 1,5 km entfernt gelegenen Wehrturm **Punta d´es Blanc** ⑤ oder zur etwa 3 km weiten **Cala Saona** ⑥.

Praktische Tips

Anreise
Von Ibiza gibt es regelmäßige Fährverbindungen zwischen der Inselhauptstadt Eivissa auf Ibiza und La Savina (Formentera). Tagesfahrten sind möglich, weil morgens um 9.30 Uhr das Schiff von Eivissa abfährt und von La Savina um 17.30 Uhr und 19.00 Uhr zurückfährt. Die Fahrzeit beträgt etwa 1 1/4 Stunden.

Fahrräder
Das große Angebot an Leihfahrrädern sollte man unbedingt nutzen, da überall für gute Radfahrwege gesorgt ist. Da es auf weiten Strecken an Schatten fehlt, empfiehlt es sich Kopfbedeckung und Sonnenschutz mitzunehmen.

Blick in die Umgebung

Obwohl es keine regelmäßigen Schiffsverbindungen gibt, sollte man sich in La Savina nach einer Bootstour zur bereits erwähnten Insel **Espalmador** erkundigen. Da diese Insel ebenfalls unter Naturschutz steht, wird gelegentlich eine Besuchsgenehmigung verlangt. Diese knapp 1 km² große Insel erstreckt sich etwa 2,7 km in nord-südlicher Richtung zwischen Formentera und Ibiza. Das Ufer wird größtenteils von steilen Kliffs aus Sedimentgestein gebildet, und auf der baumlosen Inseloberfläche gedeiht eine Garrigue-Vegetation. Von besonderem Interesse ist das Vorkommen von mehreren endemischen Unterarten der Pityuseneidechse. Neben der Natur stößt das Interesse auch auf Reste historischer Bauten wie der Torre de la Guardiola als Teil einer Verteidigungsanlage zum Schutz der Meerenge zwischen Ibiza und Formentera.

Reiseplanung

Vor der Reise

Spanische Fremdenverkehrsämter
▷ 40210 Düsseldorf, Graf Adolfstr. 81,
Tel. 0211/370467-8;
▷ 60323 Frankfurt, Myliusstr. 14,
Tel. 069/725038/725033;
▷ 80336 München, Schubertstr. 10,
Tel. 089/530158;
▷ A-1010 Wien, Rotenturmstr. 27,
Tel. 01/631425;
▷ CH-8008 Zürich, Seefeld-Str. 90,
Tel. 01/2527930-31.

Information auf den Balearen
Mallorca
Palma:
▷ Consellería de Turisme,
Carrer Montenegro, 5, Tel. 212022;
▷ Foment del Turisme,
Constitució, 1, Tel. 215310;
▷ Oficina de Turisme,
Av. Jaume III, 10,
Tel. 712216 (Fahrpläne);
▷ Oficines Municipals de Turisme,
Santo Domingo, 11, Tel 724490.
Menorca
▷ Maó (Mahón),
Plaça Constitució 15.
Ibiza
▷ Eivissa Oficina de Informació,
Paseig Vara de Rey 13.

Einreise
Für Deutschland, Schweiz und Österreich:
Kein Visum notwendig, gültiger Reisepaß
oder Personalausweis genügen. Bei einer
Aufenthaltsdauer über 3 Monate ist ein
Visum erforderlich. Ein KFZ kann bis zu
6 Monaten mitgeführt werden. Führer-
schein und KFZ-Zulassung des Heimatlan-
des sind ausreichend.

Devisen und Zollbestimmungen
Auf den Balearen gilt die spanische
Währung, Zahlungsmittel ist die Peseta
(Pta.). Der Wechselkurs schwankt zwischen 60 – 70 Ptas. pro 1 DM. Gewechselt
werden kann in den meisten Banken und
in vielen Wechselstuben (Cambio). Den
günstigsten Wechselkurs erhält man mit
Eurocheques und Traveler-Schecks, da bei
Barumtausch oft zusätzliche Gebühren
berechnet werden. Kreditkarten werden
meist nur in größeren Orten und Hotels
akzeptiert.
Für Spanien gelten die Zollbestimmungen
der EU.

Gesundheit
Für Spanien gibt es keine Impfbestimmun-
gen. Gelegentlich wird eine Schutzimp-
fung gegen Zecken-Encephalitis empfohlen. Eine gute ärztliche Versorgung ist in
allen größeren Urlaubszentren gewährlei-
stet. Bei vielen Ärzten kann man sich mit
deutsch oder englisch verständigen. In der
Regel müssen ärztliche Leistungen und
Medikamente bar bezahlt werden und die
Rechnungen nach Rückkehr bei der Kran-
kenkasse zur Kostenrückerstattung einge-
reicht werden. Man kann aber bei den
meisten Krankenkassen Auslandskranken-
scheine anfordern, die in Spanien oft akzeptiert werden. Apotheken nennen sich
»Farmácia« und sind an einem großen
grünen Kreuz zu erkennen.

Reisezeit
Zu den Balearen kann in jeder Jahreszeit
gereist werden, wenn man von den Bade-
temperaturen absieht. Am wenigsten zu
empfehlen ist die sommerliche Trockenzeit zwischen Juni und September, dann
sind die meisten Inseln von Urlaubern
dicht bevölkert. Naturliebhaber wählen
als günstigste Reisezeit die Monate Febru-

ar bis Mai und Oktober bis November. Zwar regnet es in dieser Zeit etwas häufiger, aber die Inseln zeigen sich dann im frischen Grün. Auch für Vogelbeobachtungen sind die Frühlings- und Herbstmonate zu bevorzugen.

Ortszeit
Auf den Balearen gilt die mitteleuropäische Zeit. Die Umstellung auf Sommer- und Winterzeit erfolgt wie in Mitteleuropa.

Anreise/Flugzeug
Die Balearen erreicht man am zeitsparendsten auf dem Luftweg. Für diese Verbindung sprechen auch die zahlreichen Pauschalangebote. Besondere Beachtung sollte man den sogenannten »last minute«-Flügen schenken.

Privatauto
Autofahrer wählen für ihre Anreise Fährverbindungen von Barcelona, Séte (Frankreich) oder Genua.

Verkehrsverbindungen zwischen den Inseln

Flugverbindungen
Zwischen den Flughäfen von Maó (Menorca), Eivissa (Ibiza) und Palma (Mallorca) gibt es täglich mehrere Linienflüge.

Schiffsverbindungen
Es gibt mehrere regelmäßige Schiffsverbindungen zwischen
Maó (Menorca) und Palma/Alcúdia (Mallorca),
Eivissa (Ibiza) und Palma (Mallorca),
Eivissa (Ibiza) und Formentera.
Nähere Auskünfte erteilt:
▷ Compañía Axiliar de Comercio y Navegación (AUCONA), Muelle Viejo 5, Palma de Mallorca, Tel. 971-226740.

Reisen im Land

Mietwagen
Trotz des gestiegenen Preisniveaus sind Mietwagen auf den Balearen verglichen mit Deutschland billig. Kleine Modelle mit geringem Treibstoffverbrauch erhält man schon zwischen 30 und 40 DM pro Tag. Normalerweise sind darin Haftpflicht-, Vollkasko- und Insassenversicherung eingeschlossen. Trotzdem sollten vorher Preisvergleiche zwischen Angeboten der einzelnen Leihwagenfirmen angestellt werden. Eine weitere Preisreduzierung ergibt sich, wenn der Wagen länger als eine Woche gemietet wird. Einige Reiseveranstalter machen besonders günstige

Eine Wanderung durch den Torrent de Pareis will gut vorbereitet sein.

Kombinationsangebote, der Mietwagen steht dann sozusagen vor der Tür. Ansonsten kann man schon auf den Flughäfen Wagen mieten. Zu den Bedingungen eines Mietvertrages gehört auch eine vollständige Ausstattung des Wagens mit Ersatzrad, Werkzeug, funktionsfähigen Sicherheitsgurten und Nackenstützen.

Bei Unfällen muß sofort die Polizei benachrichtigt werden, gegebenenfalls auch das Konsulat.

ACHTUNG: Auch auf einsamem Gelände muß der Wagen gegen Diebstahl gesichert werden; keinesfalls sollten Wertgegenstände im Wagen gelassen werden.

Privatauto

Trotz des preiswerten Angebotes von Leihwagen bietet sich in manchen Fällen eine Reise mit Privatwagen an, wenn man den Zeitaufwand für Anfahrt und Fähre außer acht läßt.

Für Leihwagen- und Privatautofahrer gleichermaßen gewöhnungsbedürftig ist die temperamentvollere Fahrweise der Inselbewohner. Wichtig zu wissen ist, daß vor unübersichtlichen Stellen gehupt wird und in verkehrsreichen Städten strenge Parkregeln gelten.

Taxi

Taxis sind relativ teuer und fahren nach festen Tarifen, die meistens an Taxiständen ausgehängt sind. Trotzdem kann man bei längeren oder mehrfachen Fahrten günstigere Preise aushandeln.

Öffentliche Verkehrsmittel

Im Gegensatz zu Taxis sind öffentliche Verkehrsmittel ausgesprochen billig. Darüber hinaus existiert auf allen Inseln ein dichtes Netz von Buslinien, das auch die meisten beschriebenen Reiseziele einschließt. Die günstigsten Verbindungen findet man in den Inselhauptstädten:

Palma (Mallorca)
Die Haltestellen der einzelnen privaten Busgesellschaften konzentrieren sich um

die Plaça Espanya. Dort sind auch in der Touristeninformation Fahrpläne erhältlich.

Eivissa/Ibiza-Stadt (Ibiza)
Die meisten Überlandbusse fahren von der Avinguda Isidoro Macabich ab. Dort erhält man auch Busfahrpläne.

Maó (Menorca)
Quadrado 7

Ciudadela (Menorca)
Barcelona 8

La Sabina (Formentera)
Hafenmole

Für fast alle Busfahrten müssen vorher Fahrkarten an den Verkaufsstellen gekauft werden.

Fahrräder

Auf den flacheren Inselteilen Mallorcas sowie auf Ibiza, Menorca und Formentera empfehlen sich Fahrräder als ideale und umweltfreundliche Fortbewegungsmittel. Über die Ausleihmöglichkeiten erkundige man sich vor Ort. Die Fahrräder sollten möglichst Berggangschaltungen haben (Mountainbike).

Sonstiges

Unterkunft

Trotz der kaum überbietbaren Unterkunftsmöglichkeiten gibt es während der Feriensaison zwischen Juni und September Engpässe bei der Zimmervermittlung, sofern man kein Pauschalangebot gebucht hat. Bei Privatunterkünften (Hostales, Residencias) erlebt man oft viel unmittelbarer die Gastfreundschaft der Inselbewohner.

Die Preise orientieren sich meist nach der Zahl der Sterne, die von den örtlichen Touristikverwaltungen verliehen werden. Sie schwanken zwischen etwa 2 000 und 10 000 Ptas. pro Tag für ein Doppelzimmer (Stand 1993) und schließen Frühstück, gelegentlich auch Halbpension ein. Für Selbstversorger bieten sich preiswertere Appartementwohnungen an. Verzeichnisse über Unterkunftsmöglichkeiten kann man bei den spanischen Frendenverkehrsämtern anfordern.

Camping
Zelten ist mit Ausnahme von einigen Stränden, Natur- und Landschaftsschutzgebieten erlaubt. Allerdings sind gut eingerichtete Campingplätze rar, auf denen für eine Übernachtung etwa 600 Ptas. bezahlt werden müssen. Zelten außerhalb von Campingplätzen bringt erhöhte Diebstahl- und Überfallgefahr mit sich.

Telefon
Münztelefone sind weit verbreitet und meist funktionsfähig. Man kann sein Heimatland direkt anwählen mit Vorwahlnummern für Deutschland 0749 (danach die Ortsvorwahl ohne 0), für die Schweiz 0744 und für Österreich 0743. Nach dem Wählen der internationalen Verbindung mit 07 muß gewartet werden, bis ein zweiter durchgehender Pfeifton in anderer Tonhöhe folgt. 100-Peseta-Stücke eignen sich am besten, da bei kleineren Münzen die Verbindung unterbrochen werden kann. Bei den meisten Telefonzellen ist ein Rückruf möglich.

Der Biß einer Kapuzennatter kann schmerzhaft sein, ist aber nur von geringer Giftwirkung.

Hygiene
Das Leitungswasser ist auf allen Inseln hygienisch einwandfrei, aber nicht immer von gutem Geschmack. Hygienische Probleme kann es bei sanitären Einrichtungen in Hotels, Pensionen und Restaurants niedriger Preiskategorie geben, ebenso bei öffentlichen Toiletten.
Alle angebotenen Lebensmittel und Getränke entsprechen weitgehend unserem Hygienestandard. Gewisse Einschränkungen gibt es auf Märkten. Bei den hohen sommerlichen Temperaturen werden leicht verderbliche Lebensmittel rasch ungenießbar.

Gifttiere
Auf den Balearen sind lebensgefährliche Gifttiere unbekannt. Allerdings gehört der Mittelmeerskorpion zur Inselfauna. Seine Stiche sind zwar schmerzhaft, aber nicht lebensbedrohend. Trotzdem sollte bei Überreaktionen ähnlich wie bei Bienen- und Wespenstichen ein Arzt aufgesucht werden.
Potentiell giftig ist die Kapuzennatter; ihr Gift ist aber von schwacher Wirkung und daher für den Menschen ungefährlich. Unangenehm kann Zeckenbefall sein, weil die Gefahr einer Zecken-Encephalitis besteht. Durch eine Impfprophylaxe kann man sich dagegen schützen.

Kleidung
Die Auswahl sollte dem Klima und der jeweiligen Jahreszeit angepaßt sein. Während der Sommermonate reicht für die Niederungen und Küstenregionen leichte Kleidung aus. Keinesfalls sollte aber auf eine Kopfbedeckung als Sonnenschutz verzichtet werden. In größeren Höhen und während der Wintermonate kann es auch auf den Balearen empfindlich kalt sein. Dann empfiehlt sich ein warmer, wasserdichter Anorak, Pullover und lange Hosen.
Allzuoft wird viel zu wenig auf geeignetes Schuhwerk geachtet. Wundgelaufene

Abendstimmung an der Cala Tarida (Ibiza).

Füße und Gelenkschmerzen sind dann die Folge. Dem beugt man vor durch Wander- bzw. Bergschuhe von guter Qualität, die vor Beginn längerer Wanderungen gut eingelaufen sein müssen.

Baden, Verhalten am Meer

Bei einem sommerlichen Aufenthalt laden zahlreichen Strände zum Baden ein. Nicht immer bleibt das Badevergnügen ungetrübt, wenn einige wichtige Regeln mißachtet werden:

□ Niemals unmittelbar nach üppigen Mahlzeiten oder anstrengenden Wanderungen baden, schnorcheln oder tauchen.

□ Bei starker Brandung oder Unwetterwarnungen an bewachten Stränden auf Signale achten wie beispielsweise aufgezogene Flaggen oder Bälle.

□ In Brandungszonen und Felsbuchten können Sog und ablandige Strömungen Baden und Tauchen gefährden.

Hier einige gute Möglichkeiten zum Baden und Schnorcheln:

Mallorca: Platja d´es Coll Baix, Platja d´es Trenc, Cala Tuent, Cala Calobra, Cala Pi, Cala Mesquida, Sa Foradada.

Ibiza: Platja de Es Codolar, Cala Moli, Cala Tárida, Cala Carbó, Cala de Beorirras, Cala de Xarraca, Isla Togomango.

Formentera: Tauchbasis La Mola.

Menorca: Arenal de Son Saura, Cala Mica, Platja de Ferragut, Strände von Binimel-la, Cala Mitjana.

Nationalparkregeln

Für Besuche von Nationalparks und Landschaftsschutzgebieten gelten folgende Bestimmungen:

1. Es darf keinerlei Abfall hinterlassen werden.

2. Fremde Pflanzen und Tiere dürfen nicht eingeführt werden.

3. Es dürfen weder Pflanzen noch Tiere oder Teile davon gesammelt werden; das gleiche gilt auch für Steine.

4. Zur Vermeidung von Waldbränden ist Anzünden von Feuer, auch zur Speisezubereitung, strengstens verboten.

5. Objekte von historischem, archäologischem oder sonstigem kulturellen Wert dürfen weder verändert, beschädigt noch entfernt werden.

6. Wanderwege sind für motorisierte Fahrzeuge gesperrt.

7. Das Führen von Waffen und Jagdgerät ist verboten.

8. Ruhestörender Lärm ist untersagt.

9. Beim Baden oder Waschen in Bächen, Teichen und Lagunen ist die Verwendung von Seife oder Detergentien (Waschmittel) verboten.

10. Zelten ist nur auf dafür vorgesehenen Flächen erlaubt. Gelegentlich wird von der zuständigen Stelle eine Sondererlaubnis benötigt.

Darüber hinaus ist es verboten, Kulturdenkmäler zu verändern oder zu beschädigen, ebenso Scherben oder andere Überreste der kulturellen Vergangenheit zu sammeln oder auszugraben.

Artenschutz

Die Versuchung liegt nahe, mediterrane Freilandpflanzen als Souvenir für das Blumenfenster oder den Garten mitzunehmen. Meistens schlagen solche Versuche fehl, da fast alle Arten nicht winterfest sind oder sich ihren speziellen Lebensräumen angepaßt haben.
Fotos sind dagegen eine bleibende Erinnerung.

Konsulate
Mallorca
Palma

Bundesrepublik Deutschland:
Passeig d'es Born 15, Tel 722371.

Österreich:
Plaça de l'Olivar, Tel. 713949.

Schweiz:
Passeig Mallorca 24, Tel. 712520.

Ibiza
Eivissa

Bundesrepublik Deutschland:
Carrer d'Antoni Jaume, 2.

Buchhandlungen
Palma

▷ Libros Ereso, Pelaires, 1;

▷ Librería Ramón Llull, Carrer de El Call/Carrer Sta. Clara;

▷ Intersport Kenia, Av. Alejandro Rosselló, 7 (Topographische Karten 1 : 50 000, Wanderausrüstung).

Anhang

Literatur

Archiduque, Luis Salvador: Die Balearen in Wort und Bild (7 Bände). Brockhaus, Leipzig, 1884.

Archiduque, Luis Salvador: Die Balearen in Wort und Bild (2 Bände, Nachdr.). L'Arxiduc S. A., Palma de Mall., 1989.

Bonner, A.: Plants of the Balearic Islands. Editorial Moll, Palma, 1985.

Colom Casanovas, G: Geologia de Mallorca (2 Bände). Graficas MIRAMAR, Palma, 1957.

Colom Casanovas, G: Biogeografia de las Baleares (2 Bände). Graficas MIRAMAR, Palma, 1978.

Giffhorn, H: Ibiza – ein unbekanntes Naturparadies. EinfallsReich Vlg., Braunschweig,1991.

Haeupler, H. u. I.: Mallorca in Farbe. Franckh'sche Verlagsbuchhandlung, Stuttgart, 1983.

Harris, T.: Pareys Mittelmeerführer (Pflanzen- u. Tierbestimmungsbuch). Paul Parey, Hamburg, 1982.

ICONA Baleares (Hrsg.): Son Moragues – Guia de Paseo. Graficas MIRAMAR, Palma, 1982.

Kein Autor : Espais Naturals de les Illes Balears. IBATUR, Inca (Mallorca), 1992.

Kein Autor: S'Albufera, Guia de Paseo. Consellaria de Turismo, Palma de Mallorca, 1987.

Mayol, Joan: The Birds of the Balearic Islands. Editorial Moll, Palma de Mallorca, 1990.

Mayol, Joan: Es Trenc, Salobrar de Campos, Guia. Govern Balear, Palma de Mallorca, 1989.

Melia, J.: Geografia de Baleares. Santillana, S. A., Madrid, 1979.

Merian: Mallorca. Hoffmann & Campe, Hamburg, 1987.

Polunin, O.: Bäume und Sträucher Europas. BLV Verlagsgesellschaft, München, 1984.

Riedl,R.: Fauna und Flora des Mittelmeers. Paul Parey, Hamburg und Berlin, 1983.

Saavedra, S. (Hrsg.): Guia Ecologia de Baleares. INCAFO, Madrid, 1978.

Schönefelder, I. u. P.: Die Kosmos Mittelmeerflora. Franckh'sche Verlagsbuchhandlung, Stuttgart, 1984.

Straka,Haeupler:Führer zur Flora von Mallorca. Springer Verlag, 1987, Stuttgart.

Watkinson, E. - A: Guide to Bird-watching in Mallorca. - Fack, Stockholm, 1980.

Werthwein, Uli: Guia para la Conservación de las Especies Autoctonas. Govern Balear, Palma de Mallorca, 1988.

Landkarten

Leider gibt es auf den Balearen immer noch keine Wanderkarten. Als Ersatz kann nur mit Einschränkungen die Mapa Militar im Maßstab 1 : 50 000 empfohlen werden, da einige Blätter bereits ziemlich veraltet sind.

Mittlerweile sind aber einige Karten im Maßstab 1 : 25 000 erschienen, die weitgehend aktualisiert wurden.

Außerdem sind folgende Karten erhältlich:
Firestone Mapa Turistico Baleares (1 : 125 000);
Generalkarte Mallorca (1 : 175 000);
Ferienkarte Mallorca (1 : 175 000);
Große RV-Länderkarte Mallorca (1 : 150 000);
Hildebrands Urlaubskarte Mallorca (1 : 185 000);
Lord Extra Freizeitkarte Mallorca (1 : 120 000).

Wörterbuch
Deutsch–Spanisch–Latein

Wirbellose

Balearen-Rüsselkäfer / Brachycerus balearicus

Dickfußschrecke / Oedipoda coerulescens

Edelkoralle / Coral / Corallium rubrum

Feldgrille / Grillo / Gryllus campestris

Gelbrandkäfer / Dytiscus marginalis
Gestreifte Seerose / Diadumene luciae
Gottesanbeterin / Santa Teresa / Mantis religiosa
Großer Einsiedlerkrebs / Cangrejo ermitaño / Pagurus arrosor

Herzigel / Echinocardium cordatum
Hummelschwärmer / Hemaris fuciformis

Käferschnecke / Quitón / Lepidochiton cinereus /
Kammseestern / Astropecten aurantiacus
Krake / Pulpo / Octopus vulgaris

Languste / Langosta / Palinurus vulgaris /

Miesmuschel / Mejillón / Mytilus galloprovincialis
Mittelmeer-Haarstern / Antedon mediterranea
Mittelmeerskorpion / Euscorpius flavicaudis

Napfschnecke / Lapa / Patella coerulea
Nasenschnecke / Acrida mediterranea
Nashornkäfer / Oryctes nasicornis

Oleanderschwärmer / Daphnis nerii

Salzkrebs / Artemia salina
Sandpierwurm / Lombriz de mar / Arenicola marina /
Scheidenmuschel / Ensis ensis
Schwarzkäfer / Brachycerus balearicus
Seefächer / Eucinella cavolinii
Seefeder / Veretillum cynomorium
Seepocke / Balanus balanoides
Singzikade / Cigarra / Lyristes plebejus
Spindelpolyp / Halecium halecinum
Steinseeigel / Erizo de mar / Paracentrotus lividus
Strandfloh / Ligía / Orchestia gammarellus /
Strandschnecke / Bígaro / Littorina littorea

Tarantel / Salamanquesa / Tarentula fasciiventris
Taubenschwänzchen / Macroglossa stellatarum

Walker / Polyphylla fullo
Wespenspinne / Argiope bruennichi
Wüstenheuschrecke / Schistocera gregaria

Zweifleckgrille / Grillo / Gryllus bimaculatus
Zwiebelmuschel / Anomia ephippium
Zylinderseerose / Cerianthus membranaceus

Fische, Amphibien, Reptilien

Ährenfisch / Atherina boyeri

Balearen-Eidechse / Lagartija / Podarcis (Lacerta) lilfordi

Europ. Halbfingergecko / Phyllodactylus europaeus
Europ. Sumpfschildkröte / Galápago / Emys orbicularius

Flußaal / Anguilla / Anguilla anguilla

Geburtshelferkröte / Alytes obstetricans
Geißbrassen / Mojarra / Diplodus vulgaris
Goldbrassen / Raspallón / Sparus auratus
Goldmeeräsche / Lisa / Liza aurata
Griech. Landschildkröte / Tortuga de tierra / Testudo hermanni
Große Meeräsche / Chelon labrosus
Grüner Lippfisch / Gallano / Labrus viridis

Kapuzennatter / Macroprotodon cucullatus

Mauereidechse / Lacerta muralis
Mauergecko / Platydactylus mauritanicus
Mittelmeerlaubfrosch / Hyla meridionalis

Muräne / Muraena helena
Petermännchen / Trachinus draco
Pityusen-Eidechse / Lagartija / Podarcis (Lacerta) pityusensis

Ringelnatter / Culebra de agua / Natrix natrix
Roter Thunfisch / Atún / Thunnus thynnus

Scheibenzüngler / Balaephryne muletensis
Schriftbarsch / Serrano / Serranus scriba
Schwertfisch / Xiphias gladius
Seefrosch / Rana común / Rana ridibunda
Seepferdchen / Hipocampo marino / Hippocampus guttulatus
Seezunge / Lenguado / Solea vulgaris
Steinbutt / Scophthalmus maximus

Treppennatter / Culebra de escalera / Elaphe scalaris

Vipernnatter / Natrix maura

Vögel

Alpenbraunelle / Acentor alpino / Prunella collaris
Alpensegler / Vencejo real / Apus melba
Alpenstrandläufer / Correlimos común / Calidris alpina
Amsel / Mirlo común / Turdus merula

Bachstelze / Lavandera / Motacilla alba
Bekassine / Agachadiza / Gallingo gallinago
Bienenfresser / Abejaruco / Merops apiaster
Blaumeise / Herrerillo común / Parus caeruleus
Blaumerle / Solitario / Monticola solitarius
Blauracke / Carraca / Coracias garrulus
Braunkehlchen / Tarabilla norteña / Saxicola rubetra
Buchfink / Pinzón / Fringilla coelebs

Cistensänger / Buitrón / Cisticola juncidis

Drosselrohrsänger / Carricero tordal / Acrocephalus arundinaceus

Einfarbstar / Esturnino negro / Sturnus unicolor
Eleonorenfalke / Halcón de eleonor / Falco eleonorae
Erlenzeisig / Lúgano / Carduelis spinus

Fahlsegler / Vencejo pallido / Apus pallidus
Felsenschwalbe / Avión roquero / Hirundo rupestris
Felsentaube / Paloma bravía / Columba livia
Feldsperling / Gorrión molinero / Passer montanus
Fichtenkreuzschnabel / Piquituerto / Loxia curvirostra
Fischadler / Aguila pescadora / Pandion haliaetus
Flamingo / Flamenco / Phoenicopterus ruber
Flußregenpfeifer / Chorlitejo chico / Charadrius dubius
Flußseeschwalbe / Charrán / Sterna hirundo
Flußuferläufer / Andarrio chico / Tringa hypoleucos

Gänsegeier / Buitre leonardo / Gyps fulvus
Gartenrotschwanz / Colirrojo / Phoenicurus phoenicurus
Gelbschnabel-Sturmtaucher / Pardela cenicienta / Calonectris diomedea
Girlitz / Verdecillo / Serinus serinus
Grauammer / Triguero / Emeriza calandra
Graubrust-Strandläufer / Correlimos oscuro / Calidris melanotus
Graureiher / Garza real / Ardea cinerea /
Grauschnäpper / Papamoscas gris / Muscicapa striata
Großer Brachvogel / Zarapito real / Numenius arquata
Grünling / Verderol / Carduelis chloris

Habichtsadler / Aguila perdicera / Hieraetus fasciatus
Haussperling / Gorrión / Passer domesticus
Hausrotschwanz / Colirrojo real / Phoenicurus ochruros
Heringsmöwe / Gaviota sombría / Larus fuscus

Kampfläufer / Combatiente / Philomachus pugnax
Kernbeißer / Picogordo / Coccothraustes coccothraustes
Kiebitz / Avefría / Vanellus vanellus
Kleiner Gelbschenkel / Archebebe patigualdo chico / Tringa flavipes
Kohlmeise / Carbonero común / Parus major
Kolkrabe / Cuervo / Corvus corax
Korallenmöwe / Gaviota de Audouin / Larus audouinii
Kormoran / Cormorán grande / Phalacocrorax carbo
Kornweihe / Aguilucho pálido / Circus cyaneus

Krähenscharbe / Cormorán moñudo / Phalacrocorax aristotelis
Kranich / Grulla / Grus grus
Krickente / Cerceta común / Anas crecca
Kuckuck / Cuco / Cuculus canorus
Kuhreiher / Garcilla bueyera / Ardeola ibis
Kurzzehenlerche / Terrera común / Calandrella brachydactyla

Lachmöwe / Gaviota reidora / Larus ridibundus
Löffelente / Cullerot / Anas clypeata /
Löffler / Espátula / Platalea leucorodia

Mauersegler / Vencejo / Apus apus
Mäusebussard / Algún ratonero / Buteo buteo
Mehlschwalbe / Avión común / Delichon urbica
Mittelmeersteinschmätzer / Collalba rubia / Oenanthe hispanica
Mittelmeer-Sturmtaucher / Puffinus yelkouan
Mönchsgeier / Buitre negro / Aegypius monachus
Mönchsgrasmücke / Capirotada / Sylvia atricapilla
Mornellregenpfeiffer / Chorlito carambolo / Charadrius morinellus

Nachtigall / Carricerín real / Luscinia megarhynchos
Nachtreiher / Martinete / Nycticorax nycticorax

Pfeifente / Anade silbón / Anas penelope
Pirol / Oropéndola / Oriolus oriolus
Purpurhuhn / Calamón / Porphyrio porphyrio
Purpurreiher / Garza imperial / Ardea purpurea

Rauchschwalbe / Golondrina / Hirundo rustica
Ringeltaube / Paloma torcaz / Columba palumbus
Rohrweihe / Aguilucho lagunero / Circus aeruginosus
Rotdrossel / Zorzal alirrojo / Turdus iliacus
Roter Milan / Milano real / Milvus milvus
Rotfußfalke / Cernicalo patirrojo / Falco vespertinus
Rothuhn / Perdiz roja / Alectoris rufa
Rotkehlchen / Petirrojo / Erithacus rubecula
Rotkopfwürger / Alcaudón / Lanius senator
Rotschenkel / Archibebe común / Tringa totanus

Säbelschnäbler / Avoceta / Recurvirostra
Samtkopfgrasmücke / Cabecinegra / Sylvia melanocephala
Sandregenpfeifer / Chorlitejo grande / Charadrius hiaticula
Sardengrasmücke / Cucurruca sarda / Sylvia sarda
Schafstelze / Lavandera boyera / Motacilla flava
Schlangenadler / Águila culebrera / Circaëtus gallicus
Schmutzgeier / Alimoche / Neophron percnopterus
Schnatterente / Anade frisco / Anas strepera
Schwarzkehlchen / Tarabilla común / Saxicola torquata
Schwarzkopfmöwe / Gaviota cabecinegra / Larus melanocephalus
Schwarzschnabel-Sturmtaucher / Pichoneta / Plegadis falcinellus
Seeadler / Pigargo / Haliaeetus albicilla
Seeregenpfeifer / Chorlitejo patinegro / Charadrius alexandrinus
Seidenreiher / Garceta común / Egretta garzetta
Seidensänger / Ruiseñor bastardo / Cettia cetti
Singdrossel / Zorzal común / Turdus philomelos
Sommergoldhähnchen / Reyezuelo / Regulus ignicapillus
Sperber / Gavilán / Accipiter nisus
Spießente / Anade rabudo / Anas acuta
Spornpieper / Bisbita de Richard / Anthus novaeseelandiae
Star / Estornino / Sturnus vulgaris
Steinschmätzer / Collalba gris / Oenanthe oenanthe
Steinrötel / Roquero rojo / Monticola saxatilis
Steinsperling / Gorrión chillón / Petronia petronia
Stelzenläufer / Cigüeñuela / Himantopus himantopus
Stieglitz / Jilguero / Carduelis carduelis
Stockente / Anade real / Anas platyrhynchos
Sturmschwalbe / Paíño común / Hydrobates pelagicus

Teichhuhn / Polla de Agua / Gallinula chloropus
Teichrohrsänger / Carricero común / Acrocephalus scirpaceus
Theklalerche / Cogujada / Galerida theklae
Triel / Alcaraván / Burhinus oedicnemus
Turmfalke / Cernicalo real / Falco tinnunculus

Uferschnepfe / Aguja colinegra / Limosa limosa
Uferschwalbe / Avión zapador / Riparia riparia

Wachtel / Cordoniz / Coturnix coturnix
Breitblättriger Rohrkolben / Espadaña / Typha latifolia

Wacholderdrossel / Zorzal real / Turdus pilaris
Waldschnepfe / Cocha perdiz / Scolopax rusticola
Wanderfalke / Halcón peregrino / Falco peregrinus
Wasserralle / Rascón / Rallus aquaticus
Weißbartgrasmücke / Curruca carrasqueña / Sylvia cantillans
Weißbartseeschwalbe / Aliblanco / Chlidonias hybrida
Weißkopfmöwe / Larus cachinnans
Weißstorch / Cigüeña común / Ciconia ciconia
Wespenbussard / Halcón abejero / Pernis apivorus
Wiedehopf / Abubilla / Upupa epops
Wiesenpieper / Bisbita común / Anthus pratensis
Wiesenweihe / Aguilucho cenizo / Circus pygargus
Wintergoldhähnchen / Reyezuelo sencillo / Regulus regulus

Zaunammer / Triguero / Emberiza cirlus
Zaunkönig / Chochín / Troglodytes troglodytes
Zwergadler / Aguila calzada / Hieraetus fasciatus
Zwergammer / Escribano pigmeo / Emberiza pusilla
Zwergdommel / Avetorillo / Ixobrychus minutus
Zwergohreule / Autillo pequeño / Otus scops
Zwergschnäpper / Papamoscas papirrojo / Ficedula parva
Zwergtaucher / Zanpullín chico / Tachybaptus ruficollis

Säugetiere

Abendsegler / Murciélago / Nyctalus noctula

Balearen-Spitzmaus / Musaraña / Crocidura balearica
Baummarder / Marta / Martes martes

Gartenschläfer / Lirón careto / Eliomys quercinus
Ginsterkatze / Gineta / Genetta genetta

Hausratte / Rata negra / Rattus rattus
Hausspitzmaus / Musaraña / Crocidura russula

Kleinhufeisennase / Murciélago / Rhinolophus euryale

Siebenschläfer / Lirón / Glis glis

Spanischer Feldhase / Liebre / Lepus europaeus granatensis

Waldmaus / Ratón de Campo / Apodemus sylvaticus
Wanderigel / Erizo moruno / Erinaceus algirus
Wildkaninchen / Conejo de monte / Orytolagus cuniculus

Zwergfledermaus / Comadreja / Pipistrellus pipistrellus
Zwergwiesel / Comadreja / Mustela minuta

Pflanzen

Acker-Ringelblume / Lavamanos / Calendula arvensis
Adlerfarn / Helecho / Pteridium aquilinum
Ästiges Tausendgüldenkraut / Centaurium tenuiflorum
Afrikanische Tamariske / Tamarindo / Tamarix africana
Aleppokiefer / Pino mediterraneo / Pinus halepensis
Amerikanische Agave / Pita / Agave americana
Amerikanische Kermesbeere / Bella sombra / Phytolacca dioica
Ausdauernder Strandstern / Asteriscus maritimus

Balearen-Alpenveilchen / Panporcino / Cyclamen balearicum
Balearen-Buchsbaum / Boj de Baleares / Buxus balearica
Balearen-Fingerhut / Didalera / Digitalis dubia
Balearen-Johanniskraut / Estepa joana / Hypericum balearicum
Balearen-Pfingstrose / Rosa pampalonia / Paeonia cambessedesii
Balearen-Sandkraut / Arenaria balearica
Balearen-Schuppenkopf / Cephalaria balearica
Balearen-Tragant / Astragalus balearicus
Balearenkohl / Col borda / Brassica balearica
Balearischer Hufeisenklee / Violeta de penyal / Hippocrepis balearica
Baumartige Wolfsmilch / Euphorbia dendroides
Behaarte Spatzenzunge / Bufalaga marina / Thymelaea hirsuta
Bergminze / Micromeria inodora
Blaue Färberdistel / Carduncellus caeruleus
Bougainvillea / Bougainvillea glabra
Braune Ragwurz / Ophrys fusca
Breitblättrige Steinlinde / Phillyrea media

Brennende Waldrebe / Vidriella / Clematis flammula
Dißgras / Carritx / Ampelodesmos maritanica
Dornginster / Caliotome spinosa
Dorniger Acanthus / Acanthus spinosus
Dorniger Ginster / Genista acanthoclada
Dreibeeriger Zeiland / Olivillo / Cneorum tricoccon
Dreiblättriger Hornklee / Trébol endémico / Lotus tetraphyllus
Dreiblütiger Geißklee / Cytisus villosus
Drüsiger Streifenfarn / Asplenium glandulosi
Dünen-Trichternarzisse / Azucena de mar / Pancratium maritimum

Echter Thymian / Thymus vulgaris
Eibe / Tejo / Taxus baccata
Eibischblättrige Winde / Convulvulus althaeoides
Eingriffeliger Weißdorn / Espino alber / Crataegus monogyna
Einjähriges Gänseblümchen / Bellorita / Bellis annua
Erdbeerbaum / Madroño / Arbutus unedo
Europäischer Meersenf / Cakile maritima

Faden-Bergminze / Micromeria filiformis
Fadenblättrige Merendera / Merendera filifolia
Feigenbaum / Higuera / Ficus carica
Feigenkaktus / Chumbera / Opuntia ficus-indica
Feld-Ulme / Olmo / Ulmus minor
Fingerhut (endem.) / Digitalis dubia
Fliegenfressende Drachenwurz / Dracunculus muscivorus
Frankenie / Frankenia laevis
Frauenhaarfarn / Alcaparra / Adiantum capillus-veneris
Fruchtende Sode / Almajo / Suaeda fructicosa
Fruchtender Queller / Salicornio / Salicornia fructicosa
Frühlingsahorn / Acer opalus

Gallische Tamariske / Tamarindo / Tamarix gallica
Geflügelter Strandflieder / Limonium sinuatum
Geißkleeartiger Hornklee / Lotus cytisoides
Gelbe Ragwurz / Ophrys lutea
Gelber Alant / Inula / Inula crithmoides
Gewelltblättrige Königskerze / Verbascum sinuatum
Gewöhnliche Hundszunge / Cynoglossum cheirifolium
Gewöhnlicher Queller / Salicornia europaea

Gewöhnliches Meerträubel / Efedra / Ephedra fragilis
Gewöhnliches Rutenkraut / Cañaeja / Ferula communis
Gewöhnliches Schilf / Carrizo / Phragmites communis
Gewöhnlicher Thymian / Tomillo / Thymus vulgaris
Gezähnter Lavendel / Lavanda / Lavendula dentata
Gezähntes Knabenkraut / Orquídea terrestre / Orchis tridentata
Glöckchen-Lauch / Ajo silvestre / Allium triquetum
Granadischer Ahorn / Acer granatense
Granatapfel / Granado / Punica granatum
Graue Gliedermelde / Salicornia macrostycha

Großblütige Königskerze / Verbascum densiflorum
Große Knorpelmöhre / Ammi majus

Hanfpalme / Palmito de jardín / Trachycarpus fortunei
Haselnuß / Avellano / Corylus avellana
Herbst-Seidelbast / Daphne gnidum
Honigduftender Rutenstrauch / Osyris alba
Hummelorchis / Ophrys holoserica

Illyrische Siegwurz / Espaseta / Gladiolus illyricus
Immergrüner Kreuzdorn / Rhamnus alaternus
Italienischer Aronstab / Arum italicum
Italienischer Natternkopf / Echium italicum
Italienisches Knabenkraut / Orchis italica

Jaubertiana-Veilchen / Viola jaubertiana
Johannisbrotbaum / Algarrobo / Ceratonia siliqua

Kantabrische Winde / Convolvulus cantabrica
Kapernstrauch / Alcaparra / Capparis spinosa
Kardone (Wild-Artischocke) / Cynara cardunculus
Kermeseiche / Ciscoja / Quercus coccifera
Keulen-Bertram / Anacyclus clavatus
Keuschorchis / Neotinea maculata

Keuschstrauch / Pimiento loco / Vitex agnus-castus
Klebriger Alant / Dittrichia viscosa
Kleinästiger Kalktang / Alga cacácera / Lithophyllum tortuosum
Kleinblütiger Stechginster / Tojo / Ulex parviflorus
Kleines Knabenkraut / Orchis morio
Kleinfrüchtiger Affodill / Asfodelo / Asphodelus microcarpus
Keuschstrauch / Pimiento loco / Vitex agnus-castus
Korsische Nieswurz / Helleborus lividus
Kretische Skabiose / Scabiosa cretica
Kreuzstrauch / Vitex agnus-castus
Kriechendes Fingerkraut / Potentilla reptans
Kronen-Wucherblume / Margarida / Chrysanthemum coronarium
Krummstab / Dragoneta menor / Arisarum vulgare

Leuchtender Ginster / Retama amarilla / Genista lucida
Lorbeerbaum / Laurel / Laurus nobilis

Mallorq. Streifenfarn / Asplenium majoricum
Mandelbaum / Almendro / Prunus amygdalus
Mariendistel / Silybum marianum
Mastixstrauch / Lentisco / Pistacia lentiscus
Meerfenchel / Ciperácea / Crithmum maritimum
Meersalat / Ulva lactuca
Meerstrand-Binse / Juncus maritimus
Meerzwiebel / Cebolla albarrana / Urginea maritima
Mehlbeere / Sorbus aria
Milchfleckdistel / Galactites tomentosa
Mittags-Schwertlilie / Gynandris sisyrinchium
Mittelmeer-Ledertang / Fucus virsoides
Mittelmeerstrohblume / Siemprevivva / Helichrysum stoechas
Mittleres Immergrün / Vinca difformis
Montpellier-Zistrose / Estepera negra / Cistus monspeliensis
Morgenländische Platane / Plátano / Platanus orientalis
Myrte / Mirto / Myrtus communis

Natternkopf / Echium vulgare
Neapolitanische Zeitlose / Colchicum neapolitanum
Neptungras / Posidonia oceanica
Nichtduftende Bergminze / Micromeria inodora
Nickender Sauerklee / Vinagrella / Oxalis pes-caprae

Ölbaum-Kreuzdorn / Aladierno / Rhamnus oleoides
Oleander / Adelfa / Nerium oleander
Olivenbaum / Olivo / Olea europaea

Palisaden-Wolfsmilch / Euphorbia characias
Paternosterbaum / Cinamomo / Melia azedarach
Phönizischer Wacholder / Sabina / Juniperus phoenicea
Phriemenginster / Retama amarilla / Spartium junceum
Pityusen-Wolfsmilch / Euphorbia pithyusa
Polei-Gamander / Zamarilla / Teucrium polium
Portulak / Portulaca oleracea
Pyramidenorchis / Anacamptis pyramidalis

Rankende Waldrebe / Vidalba / Clematis cirrhosa
Retama-Ginster / Genista cinerea
Riesenknabenkraut / Barlia robertiana
Rodríguez-Greiskraut / Senecio rodriguezii
Röhriger Affodill / Gamoncillo / Asphodelus fistulosus
Rosmarin / Romani / Rosmarinus officinalis
Rotalge / Porphyra leucosticta
Rotblättriges Löwenmäulchen / Chaenorrhinum rubrifolium
Ruten-Wundklee / Albaida / Anthyllis cytisoides

Salbeiblättrige Zistrose / Cistus salviflolius
Salz-Alant / Inula crthmoides
Scharfer Rittersporn / Delphinium staphisagria
Schlehe / Laurel cerezo / Prunus spinosa
Schmalblättrige Esche / Fresno / Fraxinus angustifolia
Schmalblättrige Steinlinde / Labiérnago / Phillyrea angustifolia
Schmalblättrige Strohblume / Perpetua / Helichrysum angustifolium
Schneeweiße Strandfilzblume / Algodonosa / Diotis maritima
Schopfige Traubenhyazinthe / Muscari comosum
Schrecklicher Spargel / Asparraguera / Asparagus stipulatus
Schwimmendes Laichkraut / Potamogeton natans
Seegras / Zostera marina
Silberpappel / Alamo blanco / Populus alba

Silberweiße Spatzenzunge / Thymelaea myrtifolia
Sommer-Knotenblume / Campanilla de primavera / Leucojum aestivum
Spätblühende Narzisse / Narcissus elegans
Spanische Kratzdistel / Ptilostemon hispanicus
Stachelblättriger Spargel / Asparagus acutifolius
Stachelfrüchtiger Hahnenfuß / Ranunculus muricatus
Stachelige Gänsedistel / Socorell / Launea cervicornis
Stacheliger Dornginster / Calicotne spinosa
Stechende Binse / Ciperácea / Juncus acutus
Stechender Gamander / Coixinete de monja / Teucrium subspinosum
Stechender Mäusedorn / Cirerete del buen pastor Ruscus aculeatus
Stechendes Vilfagras / Sporobulus pungens
Stechwacholder / Ginebró / Juniperus oxycedrus
Stechwinde / Smilax aspera
Steineiche / Encina / Quercus ilex
Stranddistel / Cardo de las dunas / Eryngium maritimum
Strandflieder / Limonium caprariense
Strandhafer / Barrón / Ammophila arenaria
Strandlein / Linum maritimum
Strandquecke / Elymus farctus
Strandsegge / Carex extensa
Strandsimse / Scirpus littoralis
Strandsode / Suaeda vera
Strandwinde / Calystegia soldanella
Strandwolfsmilch / Lechetrezna / Euphorbia paralis
Strauchiges Veilchen / Viola arborescens
Strauchiges Salzkraut / Salsola vermiculata
Strauchnessel / Phlomis fructicosa
Streifenblättrige Merendera / Merendera filifolia

Südlicher Zürgelbaum / Almez / Celtis australis
Südliches Schilf / Cañizo / Phragmites australis
Sumpfknabenkraut / Orchis palustris

Teufelszwirn-Kreuzdorn / Espinalera / Rhamnus licioides
Trichteralge / Padina pavonia

Übersehene Traubenhyazinthe / Muscari neglectum
Ulmenblättrige Brombeere / Zarza / Rubus ulmifolius

Vielblütige Heide / Xiperells / Erica multiflora

Wanzen-Knabenkraut / Orquídea terrestre / Orchis coriophora
Wasserminze / Menta acuática / Mentha aquatica
Wegerichblättriger Natternkopf / Echium plantagineum
Wegwarte / Cichorium intybus
Weißfilziges Greiskraut / Senecio bicolor
Weißliche Zistrose / Cistus albidus
Wespenragwurz / Moco vermeya / Ophrys tenthredinfera
Wildartischocke (Kardone) / Cynara cardunculus
Wilde Malve / Malva sylvestris
Wilder Fenchel / Foeniculum vugare
Wilder Majoran / Orégano / Origanum virens
Wilder Pastinak / Pastinaca sativer
Wildgladiole / Gladiolus communis
Wildolive / Ullastre / Olea europaea
Windendes Geißblatt / Madreselva / Lonicera implexa
Wurmtang / Nemalion helminthoides

Zistrosenwürger / Cytinus hypocistis
Zürgelbaum / Celtis australis
Zwergpalme / Palmito / Chamaerops humilis

Register

Fett gedruckte Seitenzahlen verweisen auf Fotos, schräg gedruckte auf Essays (im Text blau unterlegt).

Pflanzen und Tiere

Orte, Sachbegriffe und Personen

Bildnachweis

G. Amberg: 1, 2/3, 15, 35, 70 ol, 70/71, 78,
107, 111, 113, 120/121, 123, 136 o, 149

Ambro-Lacus: 46 u, 96 o

H.-J. Arndt: 59, 75, 128 o

G. Beese: 12, 13, 14, 22 ol, 33, 34, 36, 40 u,
41 r, 44, 45 o, 46 o, 47, 50 (Einklinker), 51,
55 or, 56 (Einklinker), 58/59, 61 u, 63 o, 63 ul,
63 ur, 66 ol, 67, 70 ur, 72, 77 u, 80, 81, 84 ol,
84 ul, 88/89, 92, 94, 96 u, 99, 101 o, 101 u,
102 or, 104 u, 108 o, 110 o, 117 or, 128/129,
129 ol, 131 u, 132, 136/137, 139, 140 u

H.-H. Bergmann: 98 o

R. Cramm: 41 l, 43 o, 53 u, 64, 70 ul, 79 u,
116 u, 121 u, 127, 141 ol, 144 u

H. Diedrich: 85

M. Fuhrmann: 37 u, 77 o, 146

H.-J. Fünfstück: 88 ur

H. Giffhorn: 20 u, 66 or, 71 ur, 98 u, 122,
133, 137 ur, 140 o

Grévol/A. Sacristán: 79 m

J. Greune: 68

K.-H. Jacobi: 19 u, 55 ol, 71 or

R. König: 23 or, 23 ur, 30, 31, 43 u, 48 o,
54 o, 55 ur, 89 ul, 103 ol, 118 u, 120 u,
136 ul, 138, 144 o, 148

A. Limbrunner: 27 o, 27 u, 29, 40 o, 53 o,
62 o, 65, 66 u, 84 or, 87, 103 u, 104 o,
110 u, 120 ol, 137 ol, 141 u

W. Nachtigall: 39 o

H. Reinhard: 22/23, 26, 45 u, 46 m, 50
(großes Foto), 61 o, 74, 102 ul, 112, 116 ol,
117 u

H.-J. Vermehren: 20 o, 55 ul, 89 r

K. Wagner: 11, 19 o, 22 ml, 22 ul, 22 ur,
23 ul, 23 mr, 37 o, 39 u, 48 u, 54 u, 79 o,
84 ur, 93, 95, 102 ol, 102 ur, 103 or, 108 u,
115, 117 ol, 121 or, 124, 141 or, 143

K. Wothe: 56 (großes Foto), 62 u, 71 ul, 88 l,
100, 116 or, 118 o, 119, 129 or, 129 u, 131 o,
135 o, 135 u, 137 or

P. Zeininger: 90

W. Zepf: 106

Die Natur als Reiseziel

Informationen und Impressionen für reiselustige Naturfreunde

»... mit diesen ›Reiseführern Natur‹ wurde eine wichtige Lücke geschlossen. Es war mir vergönnt, in den letzten dreißig Jahren alle von Ihnen publizierten Räume zu besuchen und ich kann ermessen, welche konzentrierte Einstimmung Sie jedem Naturfreund mit den vorzüglich ausgerichteten Reisevorbereitungen ermöglichen. Ich bin sicher, daß der BLV mit dieser Produktion allen reisefreudigen Naturfreunden eine große Hilfe sein wird.«

Heinz Sielmann

»Endlich, kann man nur sagen! Es gibt endlich gute Reiseführer für Leute, die vor allem die Natur des Gastlandes erkunden wollen. Vorbei sind die Zeiten, in denen man sich aus mehreren Büchern alle notwendigen Informationen über Nationalparks, Tiere, Pflanzen, Wander- und Beobachtungsmöglichkeiten selber zusammentragen mußte...«

Ein Herz für Tiere

Bereits erschienen:

Brigitte Fugger/Wolfgang Bittmann, **Australien** • Wolfgang Bittmann/Brigitte Fugge, **Galapagos** • Johannes Kautzky, **Griechenland – Festland und Küste** • Gertrud Neumann-Denzau/Helmut Denzau, **Indien** • Winfried Wisniewski, **Island** • Hans-Heiner Bergmann/Wiltraud Engländer, **Kanarische Inseln** • Eberhard und Klaudia Homann, **Malaysia** • Horst und Wally Hagen, **Ostafrika** • Roberto Cabo, **Spanien** • Eckart Pott/Werner Küpker, **Südliches Skandinavien** • Aygün und Max Kasparek, **Türkei** • Wolfgang Bittmann/Brigitte Fugger, **USA** • Matthias Schellhorn, **Neuseeland** • Bernhard Gall/Martin Wikelski, **Brasilien, Venezuela** • Gerhard Beese, **Balearen** • Renate und Achim Kostrzewa, **Schottland mit England und Wales** • Angelika Lang/Sven Halling/Detlef Singer, **Nördliches Skandinavien mit Finnland** • August Sycholt, **Südliches Afrika**

In Vorbereitung:
• Inseln im Indischen Ozean
• Nepal mit Sikkim und Bhutan
• Südliches Frankreich